Das große Buch der Rekorde

Text
Sophie de Mullenheim

Illustrationen
Laurent Audouin

Unglaublicher INHALT

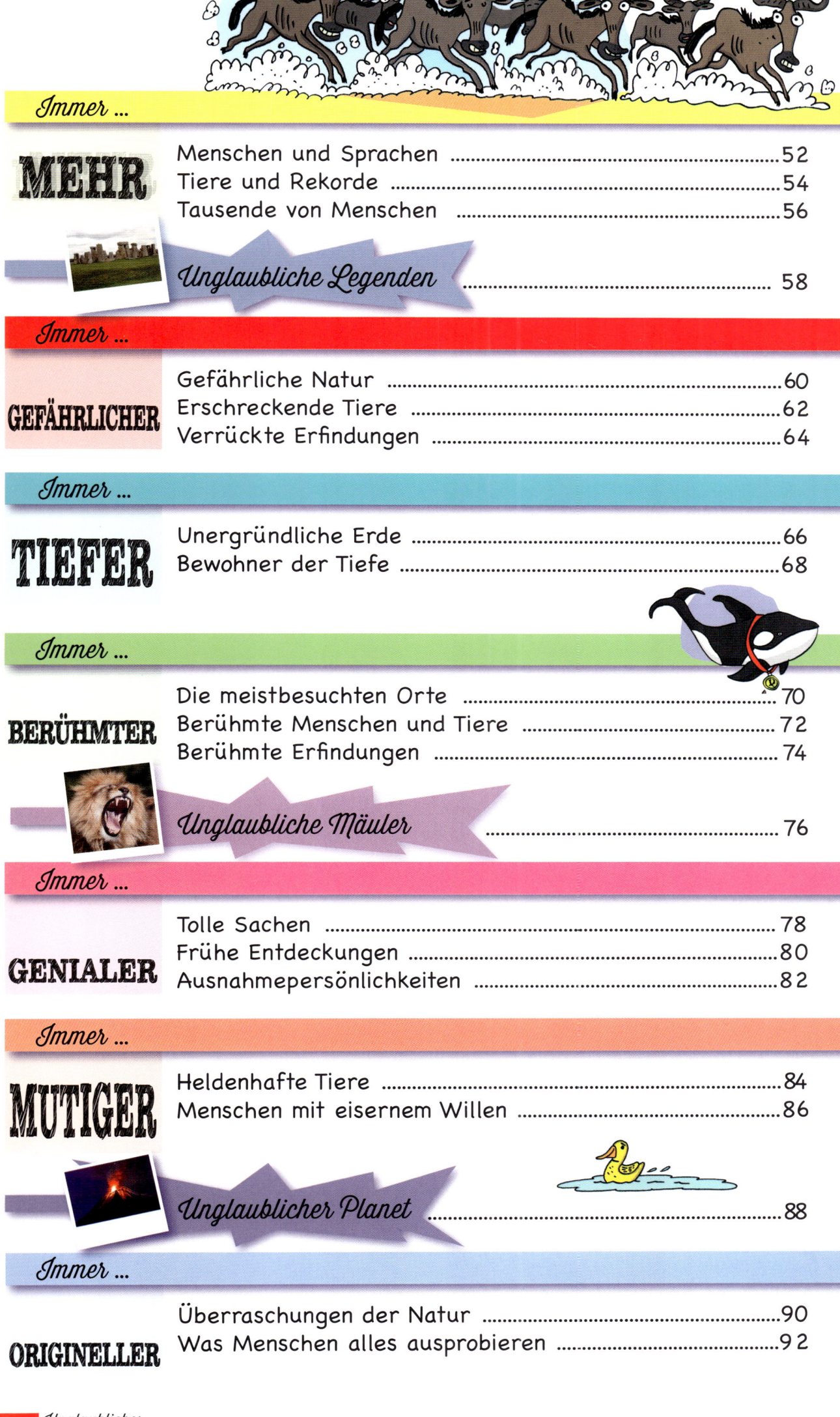

HÖHER

Die Berge wachsen und wachsen ...

Alles wächst … sogar die Berge. Ihre Größe verändert sich im Laufe der Jahre je nachdem, wie sich die Erdkruste bewegt und wie viel Schnee auf dem Gipfel liegt. Von einem Jahr zum anderen sind sie ein paar Zentimeter höher oder niedriger. **Da kommen die Erdkundebücher schon ganz durcheinander!**

Es war einmal…
Die Erstbesteigung des Everest

„Die letzten Meter sind mühsam. Tiefer Schnee, eisige Kälte. Überall lauert Gefahr. Das Atmen wird immer schwieriger, sogar mit den Sauerstoffmasken. Und da ist es endlich, das Dach der Welt!"
Am 29. Mai 1953 um 11 Uhr 30 erreichen Edmund Hillary (Neuseeland) und Tenzing Norgay (Nepal) den Gipfel des Everest. Sie sind die ersten Menschen, die das geschafft haben.

Der höchste Berg der Welt

8 848 Meter!

So hoch ist der Mount Everest, der höchste Berg der Welt. Er ist so hoch wie ein Wolkenkratzer mit ungefähr **3 540 Stockwerken**. Auf dem Gipfel ist die Luft so dünn, dass man nur noch schwer atmen kann.

... und des Universums!

Der Bergsteiger, der den *Olympus mons* auf dem Planeten Mars erklettert, muss erst noch geboren werden.
Dieser riesige Berg hat eine **Höhe von 27 000 m**, ist also dreimal so hoch wie der Everest.

Unglaublich: Gans fliegt neben Flugzeug!

Die Streifengans, ein großer Zugvogel, **kann bis in Höhen von 10 000 Metern fliegen** – höher als alle anderen Vögel. In dieser Höhe trifft sie regelmäßig auf Flugzeuge. *Kuckuck!*

Insel oder Berg?

Taucher bewegen sich eigentlich in die Tiefe, aber sie können **auch bergsteigen**. Es gibt nämlich viele Gebirge unter Wasser. Und wenn manche Gipfel aus dem Wasser ragen, sieht es aus wie eine Insel. Dabei ist es die Spitze eines Unterwasserberges!

Gewagter Kopfsprung!

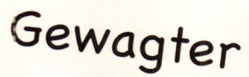

Schon gewusst?

Die Engländer messen in „**foot**" (Fuß) oder „**inch**" (Zoll), nicht in Zentimetern. Ein „foot" entspricht ungefähr 30 Zentimetern, der Fußlänge eines großen Menschen. Für die Engländer ist der Everest also 29 029 Fuß hoch. EIN RIESE!

Der Wasserfall Salto Angel in Venezuela heißt übersetzt „Sprung des Engels". Aber es würde wohl niemand auf die Idee kommen, auch kein Engel, von diesem höchsten Wasserfall der Welt zu springen. Das Wasser fällt 979 m tief, wie von einem Hochhaus mit 390 Stockwerken.

Nur für Schwindelfreie!

Der höchste Felsen der Welt befindet sich auf Hawaii. Er ragt 1005 m über dem Meeresspiegel auf: mehr als 20-mal so hoch wie die „Lange Anna" auf Helgoland.

HÖHER

In Saudi-Arabien werden gerade Pläne für einen **1000 m** hohen Wolkenkratzer geprüft.

Immer höher hinaus?

der Welt

In Dubai steht der Burj Khalifa: Das ist ein 828 m hoher Wolkenkratzer und das höchste Hochhaus der Welt. **Er hat 209 Stockwerke, 160 davon enthalten Wohnungen.** Stell dir vor: Einen Monat nach seiner Eröffnung waren die Aufzüge kaputt! Ganz schön mühsam für die Bewohner der obersten Etagen ...

Der höchste Turm

Türme?

Sind doch ein

Kinderspiel!

Jetzt bist du dran, neue Rekorde für Türme aus Streichhölzern, Lego® oder Bauklötzen aufzustellen. Dabei sind Geduld und Geschicklichkeit gefragt. Aber Achtung: Wenn du den Rekord für einen Legoturm brechen willst, brauchst du einen Kran, denn er muss höher sein als 31 Meter.

Schon gewusst?

Wolkenkratzer gibt es schon ziemlich lange.

Die ersten *skyscrapers* (Englisch: „Wolkenkratzer") gab es Ende des 19. Jahrhunderts in Amerika. Schon damals wollten Architekten auf einer möglichst kleinen Fläche möglichst viele Wohnungen bauen. Aber bevor er zum Hochhaus wurde, war der „skyscraper" der höchste Mast auf einem Schiff.

Leuchtturm-Star

Den berühmtesten Leuchtturm der Welt gibt es nicht mehr. Der Leuchtturm von Alexandria war eines der sieben Weltwunder. Er soll einen Umkreis von 50 km erleuchtet haben und ungefähr 135 m hoch gewesen sein, viel höher als der größte Leuchtturm der Welt heute. Weil er auf der Insel Pharos in der Nähe von Alexandria stand, nannte man ihn auch **Pharos von Alexandria**.

Die ersten Leuchttürme wurden mit Holzfeuer betrieben. Das Holz nach oben zu tragen, brauchte Zeit und Kraft. Deshalb waren die Leuchttürme nachts nicht immer erhellt und es gab viele Schiffsunglücke.

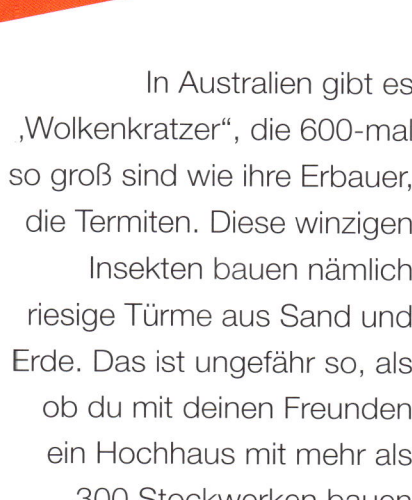

Riesige Termitenhügel

In Australien gibt es ‚Wolkenkratzer", die 600-mal so groß sind wie ihre Erbauer, die Termiten. Diese winzigen Insekten bauen nämlich riesige Türme aus Sand und Erde. Das ist ungefähr so, als ob du mit deinen Freunden ein Hochhaus mit mehr als 300 Stockwerken bauen würdest.

Ein bisschen schräg

Wie der Name schon sagt: Der **schiefe Turm von Pisa** ist nicht wegen seiner Höhe berühmt. Er wurde auf einem Boden gebaut, der unter seinem Gewicht nachgab. So begann er, sich gefährlich zu neigen. Sein schräges Aussehen hat viele Architekten angeregt. In den Vereinigten Arabischen Emiraten wurde der Turm Capital Gate in Abu Dhabi sogar extra schief gebaut. Er ist noch vermal stärker geneigt als der Turm in Pisa.

Die höchsten Türme der Welt

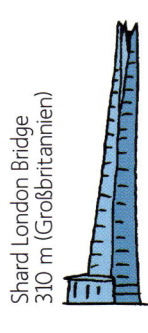

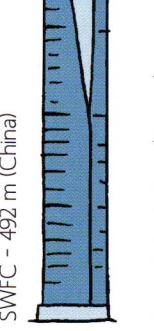

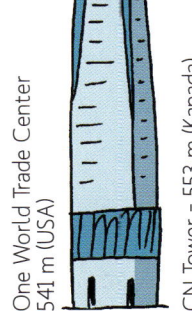
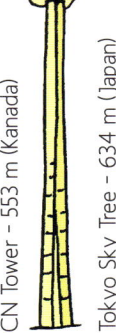
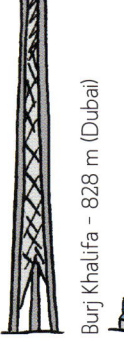

Capital City Moscow Tower – 302 m (Russland)

Shard London Bridge 310 m (Großbritannien)

Eiffelturm – 324 m (Frankreich)

SWFC – 492 m (China)

Taipei 101 – 509 m (Taiwan)

One World Trade Center 541 m (USA)

CN Tower – 553 m (Kanada)

Tokyo Sky Tree – 634 m (Japan)

Burj Khalifa – 828 m (Dubai)

HÖHER

Der Kubaner Javier Sotomayor hält seit 1993 den Weltrekord im Hochsprung: 2,45 m. Sotomayor selbst ist 1,95 m groß, er sprang also 50 cm höher als seine eigene Körpergröße. Um dir das vorzustellen, versuch mal, über deine eigene Körpergröße zu springen.

— Los geht's!

Mensch und Pferd – unentschieden

Auch wenn es größer und kräftiger als der Mensch ist, kann ein Pferd nicht besser springen. Der Weltrekord im Springreiten beträgt 2,47 m, ist also ganz ähnlich wie beim Menschen. Diesen Sprung haben Huaso und sein Reiter Alberto Larraguibel ausgeführt. Das war 1949 in Chile. Höher hat es bisher noch keiner geschafft.

HOPP!

Bungeespringen

Fürs Bungeespringen braucht man Mut und große Höhe. Die Springer werden nur mit einem am Fuß befestigten Gummiseil gesichert. Der höchste Punkt, von dem aus sie springen können, befindet sich auf dem Fernsehturm von Macao mit 233 m. Fürs Stretching ist gesorgt!

Es war einmal ...
Der Erfinder des Fosbury-Flops

Mit 16 Jahren trainiert der Amerikaner Dick Fosbury Hochsprung. Dabei entdeckt er, dass es leichter ist, die Latte mit dem Rücken zu überspringen als mit dem Bauch. Bei einem Wettbewerb punktet er mit dieser Technik. Die Jury muss allerdings erst noch entscheiden, ob sie diese seltsame Sprungform gelten lassen soll. Schließlich aber sagt sie „ja". Das war im Jahr 1963. Seitdem gibt es den Fosbury-Flop.

Die beste Sprungkraft aus dem Stand: Und DER SIEGER ist...

PUMA
5 m

TIGER
4 m

MENSCH
1,64 m

HEUSCHRECKE
1,20 m

Ein winziger Champion!

Der Floh ist der unbestrittene Champion in allen Disziplinen des Hochsprungs. Zwar springt er nicht höher als 30 cm, aber das ist das **300-Fache** seiner Größe. Wenn ein zehnjähriges Kind das schaffen wollte, müsste es über den Eiffelturm springen!

Was für ein Kopfsprung!

Am 30. August 1987 sprang der Schweizer Olivier Favre von einem **53,9 m** hohen Sprungturm. In einem Hochhaus ist das ungefähr das 19. Stockwerk. In dieser Höhe kann der kleinste Fehler tödlich sein. Seitdem hat sich das niemand mehr getraut.

> Mit einem Stab kann ein Mensch über eine Latte in 6,14 m Höhe springen. Der Ukrainer Sergej Bubka hat das geschafft.

1994

Schon gewusst?

Wasserspringen ist eine Sportart mit genauen Regeln. Die Punktrichter bewerten:

- ☑ die Sprunghöhe
- ☑ den Abstand zum Brett
- ☑ den Absprung
- ☑ die Technik und den Schwierigkeitsgrad der Figuren

- ☑ die Eleganz
- ☑ und das Eintauchen ins Wasser: Je weniger Spritzer es gibt, desto besser wird der Sprung bewertet.

Bungeespringer springt in 4632 m Höhe aus einem Fe

Immer ...

GRÖSSER

Megaplanet

Jupiter

Erde

Jupiter ist der größte Planet in unserem Sonnensystem. Er ist mehr als 11 000-mal größer als die Erde. An der Oberfläche des Jupiter ist ein riesiger roter Fleck zu sehen, der dreimal so groß ist wie unser Planet. Dabei handelt es sich um eine Sturmzone, in der rötliche Wolken hin- und hergepustet werden …
Diese Wirbelstürme gibt es schon seit über 300 Jahren!

Ein riesiges Haus

Der Weißkopfseeadler braucht **viel Platz**, um sein Nest (Horst) zu bauen.
Der größte **Weißkopfseeadlerhorst** aller Zeiten war fast 3 Meter breit und 6 Meter tief. Stell dir **fünf 10-Jährige** vor, die aufeinander-stehen: Nur das Kind ganz oben würde an das obere Ende des Horstes heranreichen!

Gigant des Waldes

Wenn wir in die Wipfel der Bäume schauen, müssen wir uns manchmal den Hals verrenken, weil sie so hoch sind. Ein Beispiel ist der **Hyperion**: Er ist 115,55 m hoch. Das entspricht un-gefähr einem Turm aus **1000 Coladosen.**

Schon gewusst?

Vögel sind nicht die einzigen Tiere, die Nester bauen. Der größte Nestbauer der Tierwelt ist der **Gorilla**. Er richtet sein Nest jeden Tag auf dem Boden her, um dort mit seiner Familie zu übernachten.

Ganz schön blumig!

Wenn du aus der **Titanenwurz** einen Strauß machen möchtest, brauchst du eine riesige Vase. Diese Blume kann **höher als 3 m** werden. Sie blüht nur alle 10 Jahre und verströmt schon aus mehreren Hundert Metern Entfernung einen starken Geruch. Es ist allerdings kein angenehmer Duft: Sie riecht eher nach **verdorbenem Fleisch!**

„Superbambus"

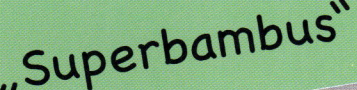

Der Bambus ist die Pflanze, die am schnellsten wächst: an einem **einzigen Tag** bis zu **91 cm!** Zum Glück kann sie nicht unbegrenzt wachsen. Die höchsten Arten werden bis zu 50 m groß. Danach wird nur noch der Stamm dicker.

Was fällt uns denn da auf den Kopf?

Ein dicker Eiswürfel ...

Bloß nicht vor die Tür gehen, wenn es in Schottland hagelt! 1849 fiel nämlich das größte **Hagelkorn** aller Zeiten auf das schottische Dorf Ord. **Es war 6 m** lang. Bei einem solchen Rekord haben die Wissenschaftler nach einem Fachbegriff für den Eisklotz gesucht: Man nennt ihn seither Megacryometeor.

... oder ein dicker Stein?

1920 pflügte ein afrikanischer Bauer in Namibia gerade sein Feld, als er auf einen Metallgegenstand stieß. Er grub in der Erde und fand einen riesigen Stein – **aus Eisen.** Er hatte soeben den größten bisher bekannten Metecriten gefunden. Man schätzt, dass dieser **Felsbrocken aus dem All** ungefähr **60 Tonnen** wiegt. Er soll vor rund 80000 Jahren auf die Erde gefallen sein.

GRÖSSER

Eine unbekannte Riesenstadt

Die größten Städte der Welt sind nicht unbedingt die mit den meisten Einwohnern. Sie können sich auch über weite Gebiete erstrecken. Fast niemand kennt sie! Die Gemeinde Baies-James in Kanada zum Beispiel hat nur ein paar Tausend Einwohner, ist aber **fast so groß wie Deutschland.**

Unendlicher Wald

Die Taiga ist der größte Wald der Welt. Sie erstreckt sich über mehrere Kontinente und verläuft um den ganzen Nordpol. In der Taiga gibt es vor allem Kiefern und Tannen, aber auch Wolfsrudel. **Huuuuuhh!**

Unzählige Arten

Der berühmteste Wald der Welt ist der **Tropische Regenwald** in Südamerika. Die **Pflanzen-, Insekten-** und **Tierarten** sind unendlich vielfältig und sind ein bedeutender Schatz der Erde. Aber die Menschen haben noch lange nicht alle Geheimnisse des Regenwaldes erkundet.

Die größte Wüste der Welt

Allein die Sahara ist größer als die gesamten USA. Sie erstreckt sich über zehn Länder. In manchen Teilen kann es bis zu 50° Grad warm werden: **ein richtiger Ofen!**

zeane bedecken über 70 % der Erdoberfläche. Die Meere

Das größte Land der Welt ...

... ist Russland. Es erstreckt sich über mehr als 17 Millionen km², ist also fast 50-mal größer als Deutschland. Wenn du Russland mit dem Zug durchqueren willst, brauchst du eine Woche und du hältst an fast 1000 Bahnhöfen. **Ein echtes Abenteuer!**

Russland

Ein toller Wasserspeicher

Unser Planet wird von einer einzigen riesengroßen Wasserfläche bedeckt. Zur Orientierung haben die Geografen sie in fünf Ozeane eingeteilt: Atlantischer Ozean, Indischer Ozean, Arktischer Ozean, Antarktischer Ozean und Pazifischer Ozean. Der letzte ist mit Abstand der größte: Die anderen vier würden fast in ihn hineinpassen!

Pazifischer Ozean

Indonesien

Tausende von Inseln

Indonesien ist ein merkwürdiges Land: Es besteht aus **17 000 Inseln.** Nicht alle sind bewohnt: Manche sind winzig klein, andere bestehen nur aus Felsen und sind mit Pflanzen bedeckt.

Indischer Ozean

Antarktischer Ozean

Schon gewusst?

Eine Wüste ist nicht unbedingt eine Landschaft aus Sand. Sie kann auch aus Steinen oder aus Eis bestehen. Die größte Wüste der Welt ist eine Eiswüste: der Kontinent Antarktika, auf dem der Südpol liegt.

... und Ozeane bedecken über 70 % der Erdoberfläche. Die ...

GRÖSSER

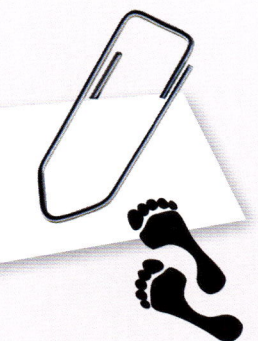

Ein echter Riese

Der größte Mann aller Zeiten war der Amerikaner Robert Wadlow. Er war **2,72 m** groß, als er mit 22 Jahren starb. Mit 6 Jahren war er schon so groß wie ein Erwachsener, mit 11 Jahren erreichte er die Zweimetergrenze. Bei seinem Tod war sein Wachstum immer noch nicht beendet.

Schon gewusst?

Der längste und kräftigste Knochen des menschlichen Körpers ist der Oberschenkelknochen. Meist entspricht seine Länge ungefähr einem Drittel unserer Körperlänge. Der Oberschenkelknochen eines 1,80 m großen Mannes ist also 60 cm lang. **Und deiner?**

Robert Wadlow hatte Schuhgröße 75! Im Durchschnitt haben Männer heute Schuhgröße 42.

Was für ein Fuß!

Riesige Krabbeltiere

ÜBER EIER

Der Champion ist das **Straußenei**. In ein Straußenei würden problemlos 30 Hühnereier hineinpassen. Und noch einen anderen Rekord hält der Vogel Strauß: Er ist der größte Vogel der Welt, kann aber nicht fliegen.

In der Bibel ist **Goliath** ein Riese, in der Natur eine Spinne oder ein Käfer.

Die **Goliath-Vogelspinne** ist so groß wie eine Frisbeescheibe, brrrr!

Der **Goliathkäfer** ist das schwerste Insekt überhaupt. Er wiegt rund **100 g**, also so viel wie ein Becher Joghurt. Für ein Insekt ist das **unglaublich viel**.

Riesenbabys

Der Elefant ist zwar nicht das größte Landtier, aber sicher das dickste. Er kann bis zu 7 Tonnen wiegen und 280 kg Blätter pro Tag verspeisen. Schon bei Elefantenbabys ist das Gewicht eindrucksvoll: Bei ihrer Geburt sind sie 30-mal so schwer wie Menschenbabys.

Bohnenstange

Heutzutage ist die Giraffe das größte Tier. Sie kann bis zu 5,80 m groß werden. Aber früher wurden Giraffen von den Sauropoden um Längen geschlagen. Die Köpfe dieser Saurier ragten ungefähr 17 m über dem Boden auf, sie waren also dreimal höher als eine Giraffe.

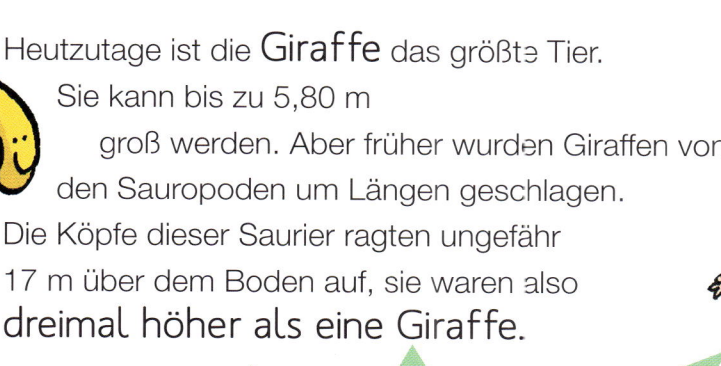

Der größte Dinosaurier aller Zeiten

Der *Argentinosaurus* war vermutlich das größte Tier, das je gelebt hat. Nach Ansicht der Paläontologen war er über 30 m lang und 90 Tonnen schwer. Ein vollständiges Skelett dieses Ungeheuers wurde nie entdeckt, aber man fand einzelne Rückenwirbel: Sie sind größer als ein 10-jähriges Kind!

Das Skelett eines Brachiosaurus konnte vollständig nachgebaut werden: Es ist 23 m lang und 13,27 m hoch. Damit ist es größer als 7 aufeinander- stehende Menschen.

23 Meter

am größten. In den Niederlanden sind die Menschen du

15

GRÖSSER

Teleskop ... mit viel Durchblick!

In Chile sind die Nächte in der Wüste so klar und frei von Abgasen, dass dort in der Atacama-Wüste das größte Teleskop der Welt gebaut wurde. Sein Spiegel ist anderthalbmal so groß wie ein Tennisplatz, um eine optimale Lichtmenge einzufangen: So lassen sich unzählige Himmelskörper beobachten.

Der größte Flughafen

Noch besser!

In China wird ein Flughafen für jährlich 130 Millionen Passagiere geplant. Im Jahr 2017 soll er den Betrieb aufnehmen.

Der größte Flughafen der Welt gehört der Stadt Atlanta im Süden der Vereinigten Staaten. Dort werden über 55 Millionen Passagiere pro Jahr abgefertigt. Den ganzen Tag lang starten die Flugzeuge hier im Minutentakt.

Schon gewusst?

Das größte Flugzeug der Welt ist russisch. Das Frachtflugzeug Antonow 225 sollte Teile der russischen Raumfahrtflotte transportieren. Es braucht 32 Räder, um auf den Rollbahnen fahren zu können.

Der größte Staudamm der Welt

Über zwölf Jahre hat es gedauert, um den Drei-Schluchten-Staudamm in China zu bauen. Er ist der größte der Welt, der Elektrizität erzeugt. Für den Bau wurde ein Fluss umgeleitet und Dutzende Dörfer und kleine Städte geflutet.

Mehr als 1,5 Millionen Menschen waren gezwungen umzuziehen.

Halt, stehen bleiben!

Auch Biber bauen Staudämme. Einmal wurde ein Biberstaudamm entdeckt, der 1,5 km lang war. Endlos für so kleine Tiere!

Es war einmal ...

Das erste Kaufhaus

Im Jahr 1852 erfanden die Pariser ein ganz neues Geschäft: Le Bon Marché. Dort findet man alles: Knöpfe, Kleider, Regenschirme, Schuhe. Die Kunden können überall herumgehen und müssen noch nicht einmal eine Verkäuferin nach den Preisen fragen: Sie stehen auf kleinen Schildchen! So etwas hatte bisher noch niemand gesehen. Es war das erste Warenhaus der Geschichte.

Größenwahn

Das Warenhaus Macy's in New York erstreckt sich über mehrere Häuserblocks und 10 Stockwerke. Es ist das größte Kaufhaus der Welt. Zu Thanksgiving im November veranstaltet das Geschäft jedes Jahr einen großen Straßenumzug: Am Ende lassen die Leute Ballons in den Himmel steigen und der Weihnachtsmann kommt.

17

Unglaubliche ...

KREATUREN

Fische, die gegen den Strom schwimmen, Katzen ohne Fell oder Vögel, deren Federn wie Haare aussehen – es gibt einfach alles!

Echt fit!

Der Lachs ist ein toller Fisch: Er kann in Süß- wie in Salzwasser leben, aber auch in Flüssen oder Wasserfällen gegen den Strom schwimmen.

Der Name führt auf die falsche Spur: Eigentlich ist die Seeanemone (oder Seetomate) nämlich ein Tier. Es krallt sich auf Felsen fest und kommt vor allem im Mittelmeer vor.

Das Gefieder des Kiwi wirkt eher wie eine Behaarung. Dieser lustige Vogel kann nicht fliegen und läuft den ganzen Tag umher.

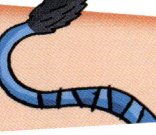

Das piekt!

Der Ameisenigel lebt in Australien. Wie alle Säugetiere säugt das Weibchen seine Jungen. Aber es legt Eier wie ein Vogel.

Die Sphynx-Katze ist praktisch haar-los. Im Sommer muss man sie mit Sonnencreme einreiben!

Der Marabu ist nicht der hübscheste Vogel. Man weiß noch immer nicht, wozu der große rote Beutel gut ist, der unter seinem Hals hängt.

Nicht nur Reptilien und Fische haben Schuppen. Das Schuppentier kann es in der Hinsicht auf jeden Fall mit ihnen aufnehmen, dabei ist es ein Säugetier.

Der Nasenaffe gefällt dem Weibchen vor allem wegen seiner großen, weichen Nase. Dabei reicht die Nase bei manchen Affen bis über das Kinn hinunter!

Seltsames Tier

Der Axolotl sieht sein Leben lang aus wie eine Larve. Wenn er sich verletzt, kann er einzelne Körperteile selbst wieder herstellen: zum Beispiel seine Augen oder Teile des Gehirns.

Was für große Augen!

Koboldmakis sind kleine Affen. Sie werden nur 15 cm groß, und nachts leuchten ihre Augen. Auf Borneo hielt man sie früher für Dämonen.

Immer ...
KLEINER

Winzig!

Mini-Land

Ein Land, das in eine Stadt hineinpasst? Ja, das gibt's. Der Vatikanstaat ist **das kleinste Land** der Welt. Es liegt mitten im Stadtzentrum von Rom in Italien.

Dort lebt der Papst, das Oberhaupt der katholischen Kirche. Das winzige Land hat noch nicht einmal 1000 Einwohner. Dafür besuchen Millionen von Touristen jährlich die schönen Museen.

Und noch kleiner!

Vor der Küste Großbritanniens hat sich ein Mann mitten im Meer eine frühere Militärplattform gekauft und daraus ein Land gemacht: Sealand. Er hat sich für sein Reich eigene Gesetze und eine eigene Währung ausgedacht, den Sealand-Dollar. Dieses winzige Land ist kaum größer als zwei Tennisplätze und hat **einen einzigen Einwohner**.

Es war einmal ...
Als das Universum winzig war

Vor Milliarden Jahren war das Universum kaum größer als ein Stecknadelkopf! All seine Energie war in einem winzigen, glutheißen Punkt enthalten. Aber die Temperatur sank und die Energie verteilte sich neu. Plötzlich begann das Universum, sich auszudehnen. Neue Teilchen schlossen sich zusammen. Sie wurden immer zahlreicher und immer komplexer. Das einstmals so winzige Universum wuchs und wuchs. Und auch heute noch **wird es von Minute zu Minute größer**.

Mikroskopische Blume

Die kleinste Blume der Welt ist die Blüte der Wasserlinse. Sie ist noch nicht einmal **1 mm** groß. Diese winzige Pflanze hat keine Wurzeln und schwimmt auf dem Wasser, das sie manchmal sogar wie ein Teppich ganz bedeckt. **Aber bloß nicht darauf laufen!**

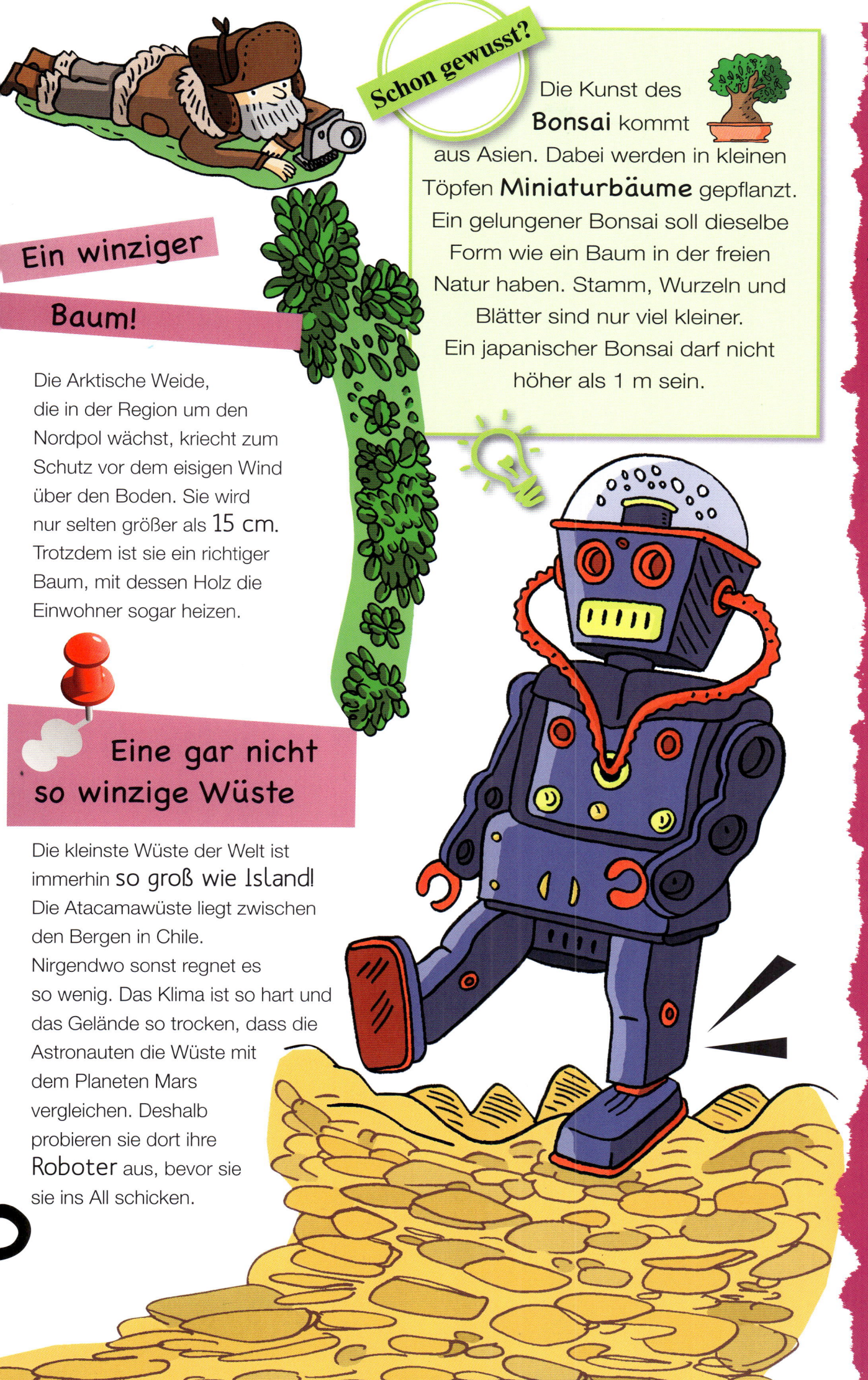

Schon gewusst?

Die Kunst des **Bonsai** kommt aus Asien. Dabei werden in kleinen Töpfen **Miniaturbäume** gepflanzt. Ein gelungener Bonsai soll dieselbe Form wie ein Baum in der freien Natur haben. Stamm, Wurzeln und Blätter sind nur viel kleiner. Ein japanischer Bonsai darf nicht höher als 1 m sein.

Ein winziger Baum!

Die Arktische Weide, die in der Region um den Nordpol wächst, kriecht zum Schutz vor dem eisigen Wind über den Boden. Sie wird nur selten größer als **15 cm**. Trotzdem ist sie ein richtiger Baum, mit dessen Holz die Einwohner sogar heizen.

Eine gar nicht so winzige Wüste

Die kleinste Wüste der Welt ist immerhin **so groß wie Island!** Die Atacamawüste liegt zwischen den Bergen in Chile. Nirgendwo sonst regnet es so wenig. Das Klima ist so hart und das Gelände so trocken, dass die Astronauten die Wüste mit dem Planeten Mars vergleichen. Deshalb probieren sie dort ihre **Roboter** aus, bevor sie sie ins All schicken.

kleinste Planet des Sonnensystems. Merkur ist der kl

KLEINER

Ein winziger Mann ...

Der 72-jährige Nepalese Chandra Bahadur Dangin wurde als kleinster Mann der Welt registriert. Als er 2012 für das „Guinness-Buch der Rekorde" gemessen wurde, war er 54,6 cm groß. Das ist kleiner als ein zwei Monate altes Baby!

... und eine winzige Frau

Bei den Frauen hält die Holländerin Pauline Musters den Rekord. Sie starb sehr jung, mit nur 19 Jahren. Damals war sie 61 cm groß, also ungefähr zweimal so groß wie dieses Buch. Sie wurde auch Prinzessin Pauline genannt.

Klein, aber berühmt!

Den Kleinen Däumling gibt es nicht nur im Märchen. Charles Sherwood Stratton war ein berühmter Künstler, der an Kleinwüchsigkeit litt. Er trat unter dem Namen „General Tom Thumb" (*thumb* = englisch: Daumen) im Zirkus Barnum auf und reiste um die ganze Welt. Als Erwachsener war er nur 1,02 m groß.

Ein winziges Volk

Die Pygmäen leben in Afrika und sind ein relativ kleinwüchsiges Volk. Sie werden nicht größer als 1,50 m, also etwa so groß wie ein 12-jähriges Kind. Aber das hat nichts mit einer Krankheit zu tun. Sie haben sich einfach ihrer Umgebung angepasst, dem Regenwald und den Anforderungen der Jagd.
Ganz schön schlau, die Pygmäen!

Der kleinste menschliche Knochen

Einen Steigbügel brauchst du nicht nur, um auf ein Pferd zu klettern. So heißt auch ein winziger Knochen, **der kleinste unseres Körpers.** Er befindet sich in deinem Ohr und sieht aus wie ein Steigbügel.

Hallo!
Hallo!

Kinder haben mehr Knochen als Erwachsene. Ein Neugeborenes hat zwischen 270 und 300 Knochen. Ein Erwachsener hat nur noch 206. Im Laufe der Zeit wachsen nämlich manche Knochen zusammen.

Klein, kleiner, am kleinsten

In der Literatur stehen oft kleine Menschen als Helden im Mittelpunkt.
- Auf der Insel Lilliput in *Gullivers Reisen* von Jonathan Swift sind die Menschen kleiner als **15 cm.**
- Auch der kleine Muck in dem gleichnamigen Märchen von Wilhelm Hauff ist ein **kleinwüchsiger Sonderling.**

Klitzekleine Lebewesen

Elfenkolibri

Schweinsnasenfledermaus
(oder Hummelfledermaus)

Sphaerodactylus
ariasae
(ein Gecko)

Dicopomorpha
echmepterygis
(Zwergwespe)

Paedocypris
progenetica
(Fisch)

0,17 mm   7,9 mm   16 mm   30 mm   57 mm

KLEINER

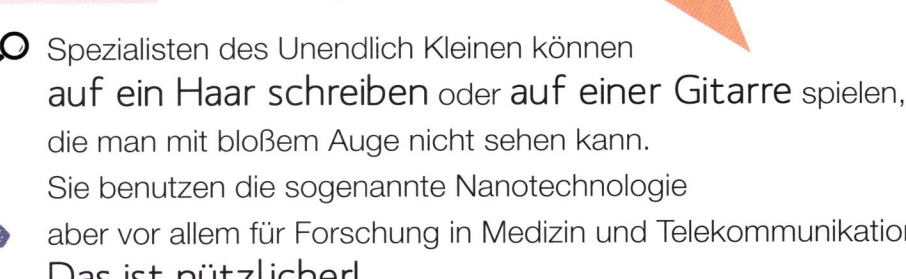

Unendlich klein

Spezialisten des Unendlich Kleinen können
auf ein Haar schreiben oder **auf einer Gitarre** spielen,
die man mit bloßem Auge nicht sehen kann.
Sie benutzen die sogenannte Nanotechnologie
aber vor allem für Forschung in Medizin und Telekommunikation.
Das ist nützlicher!

Das kleinste Hotel der Welt

Im Hotel „Eh'häusl" können nur **2 Personen pro Nacht** schlafen!
Das kleinste Hotel der Welt steht im bayerischen Amberg.
Es gibt ein schönes Zimmer und einen Raum für das
Abendessen und das Frühstück. Wenn du reservieren möchtest,
musst du dich beeilen. **Die Warteliste ist lang.**

Nicht drängeln!
Alles besetzt!

Toller

Fahrer!

Der Mann, der das kleinste Auto der Welt fährt,
hatte es mit dem Einsteigen schwer. Das Auto heißt
„Wind Up" und ist **so breit und hoch wie
eine Spülmaschine.** Dafür ist es aber doppelt
so lang, damit der Motor hineinpasst.

Schon gewusst?

Du kennst Kilometer,
Zentimeter und Millimeter.
Aber weißt du auch, wie lang ein
Nanometer ist?
Aufgepasst: 1 nm = 0,000 000 001 m –
viel zu klein für das bloße Auge!

Schrift für Zwerge

Für das kleinste Buch der Welt braucht man ein extrastarkes Mikroskop. Das Buch ist nämlich nur 100 Mikronen hoch, das sind 0,01 cm. Es ist damit 1500- bis 2000-mal kleiner als ein normales Buch.

Es war einmal …
Der kleinste Roman der Welt

1920 wurde der Schriftsteller Ernest Hemingway von seinen Freunden aufgefordert: „Schreibe einen Roman mit nur sechs Wörtern!" Hemingway überlegte kurz und schrieb: „Zu verkaufen: Schuhe für Babys, ungetragen." Seltsam, oder? Trotzdem hielt der berühmte Schriftsteller dies für seine schönste Geschichte: Ein paar Wörter reichten, um die Fantasie des Lesers in Gang zu setzen.

2005 schrieb der Mexikaner Luis Felipe Lomeli eine Erzählung mit vier Wörtern: „¿Olvida usted algo? - ¡Ojalá!" Das heißt auf Deutsch: „Vergessen Sie etwas? Hoffentlich ja!"

Noch kürzer!

UND WELCHE AUFGABEN KÖNNTEST DU LEICHT VERGESSEN?

Puppenhaus

Das kleinste Haus der Welt steht in der polnischen Hauptstadt **Warschau**. Es ist zwischen zwei Häuser eingepfercht und so eng, dass man noch nicht einmal die Arme ausbreiten kann. Es ist kaum breiter als ein Bett. Trotzdem gibt es ein Wohnzimmer, ein Schlafzimmer, ein Bad und eine Küche. Es kann also jemand dort wohnen, der es **gerne eng** hat!

SCHNELLER

Es werde Licht!

Das Licht hält den absoluten Geschwindigkeitsrekord. In nur **einer Sekunde** legt es 299 792 458 m zurück. Nichts ist so schnell wie Licht. Schall zum Beispiel ist viel langsamer. Das erklärt, warum man bei Gewitter immer erst den Blitz sieht, bevor man den Donner hört.

Wie im Flug

Auf der Erde dauert ein Tag 24 Stunden, auf dem **Jupiter** etwas unter zehn Stunden: nämlich genau **9,84 Stunden**. Das ist der kürzeste Tag im ganzen Sonnensystem. Ganz anders ist es auf der **Venus**, wo ein Tag über 5800 Stunden hat. Das sind 243 Tage auf der Erde.

Schnell – die Stromschnelle

Manchmal fließt das Wasser in einem Fluss plötzlich schneller. Das ist oft da der Fall, wo es flacher ist. Das Wasser wirbelt: Man nennt diese Stellen Stromschnellen. Kajakfreunde haben sie in Stufen von 1 bis 6 eingeteilt. Stufe 6 ist besonders gefährlich, wenn nicht **lebensgefährlich**!

Schon gewusst?

Vielleicht kennst du auch ein anderes Wort für schnell: rapide. Es stammt von dem lateinischen Wort **rapere** ab, das **schnell fortreißen** bedeutet. Es wurde zum Beispiel gebraucht, wenn ein Fluss alles mit sich riss. Später ging diese Bedeutung des Wortes verloren.

Hilfe!

... sich mit über 105 000 km/h in 365 Tagen um die Sonne.

Wandernde Riesen

Achtung, Eisschlag!

Gletscher wirken unbeweglich, und doch gleiten sie voran. Im Verhältnis zu ihrer Größe sogar ganz schön schnell. In Grönland befindet sich der Ilulisaat, der schnellste Gletscher überhaupt. Er rückt **jeden Tag 27 m** weiter und ergießt sich ins Meer. Damit ist er zwar viermal langsamer als eine Schnecke, aber die vielen Tonnen Eis wiegen ja auch viel mehr als ein kleines Schneckenhaus.

Expressbotschaften

Manche Botschaften aus dem Nervensystem unseres Körpers sind schneller als **100 m pro Sekunde.** Von ihrem Ausgangspunkt bis in unser Gehirn ist die Nachricht also genauso schnell wie ein ICE.

Wilde Winde

Bei einem Tornado erreicht der Wind Rekordgeschwindigkeiten. In den Vereinigten Staaten wurden Winde mit 500 km/h gemessen. **Das zieht einem die Schuhe aus!** Aber das ist noch gar nichts gegen die Planeten Saturn oder Neptun, wo der Wind zwei- bis dreimal stärker bläst.

Die Erde dreht sich mit über 105 000 km/h in 365 Tage

27

SCHNELLER

Wie der Blitz!

2009 lief der Jamaikaner Usain Bolt 100 m in 9,58 Sekunden. Das gab es noch nie!
Experten haben es ausgerechnet: Seine Schrittlänge ist so groß, dass er für diese Distanz nur etwa 40 Schritte braucht.
Ein Kind bräuchte ungefähr 100.

Sprung durch die Schallmauer

Am 14. Oktober 2012 stieg der Österreicher Felix Baumgartner mit einem **Heliumballon** in 39 000 m Höhe auf – höher als Flugzeuge fliegen. Um wieder zu landen, sprang er aus dem Ballon! Dabei erreichte er die Rekordgeschwindigkeit von 1342 km/h und durchbrach die **Schallmauer**. Erst danach spannte er seinen Fallschirm auf.

Warum sagt man: „sich die Lunge aus dem Hals rennen"?

Ganz gleich, **wie schnell** jemand läuft, natürlich kann er sich nicht „die Lunge aus dem Hals rennen". Die Lunge ist das Organ, das der Atmung dient. Wenn du beim Sport schwer ausatmen musst, wird deine Lunge einfach nur **nach oben** gedrückt. Und keine Sorge, du kannst dir übrigens auch nicht „die Seele aus dem Leib" rennen.

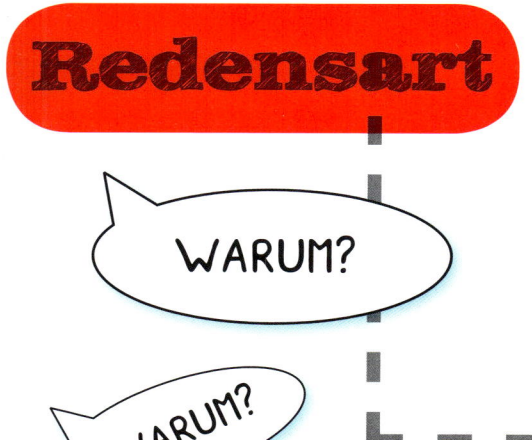

Redensart

WARUM?

WARUM?

Rekorde von

SCHNECKE	MAMBA (SCHLANGE)	MENSCH (USAIN BOLT)	PFERD
0,005 Km/h	23 Km/h	44,72 Km/h	70 Km/h

Schlechte Augen, aber schnell!

Seit den Paralympischen Spielen 2012 ist der Ire Jason Smyth der **schnellste Sportler mit Behinderung** aller Zeiten. Er lief die 100 m in 10,46 Sekunden. Jason Smyth ist fast blind, aber die Laufbahn kann er noch sehen. Athleten, die ganz blind sind, laufen im Stadion mit einem Begleiter, der an ihrer Stelle schaut. Bravo!

Unter Wasser

Das schnellste Säugetier ist der Schwertwal. Er schwimmt im Durchschnitt 55 km/h. Damit ist er jedoch langsamer als ein anderer Meeresbewohner: Der schnellste Fisch der Welt ist der Schwertfisch, der doppelt so schnell schwimmen kann. Er bräuchte von Frankreich nach England nur eine Viertelstunde. Die Fähre braucht über eine Stunde!

Meister des Sturzflugs

Wenn der Wanderfalke seine Beute erspäht hat, stürzt er wie ein Stein auf sie nieder. Dabei erreicht er eine Geschwindigkeit von etwa **180 km/h**. Im Jahr 2005 wurde bewiesen, dass der Vogel sogar 389 km/h schnell stürzen kann. Wenn er auch in der Horizontalen in diesem Tempo fliegen könnte, wäre der Wanderfalke schneller als ein ICE.

Schon gewusst?

Schall breitet sich mit 1224 km/h aus. Ein Flugzeug, das schneller fliegt, durchbricht die Schallmauer. Es ist dann viel schwerer zu steuern, daher auch der Name: Die Piloten haben das Gefühl, mit ihren Maschinen gegen eine Mauer zu prallen.

Der Gepard muss sich ausruhen, nachdem er seiner Beute hinterhergerannt ist. Das nutzen manche Tiere aus und klauen ihm sein Essen.

Schnellläufern

Grrrr !!!

STRAUSS 70 Km/h

LÖWE 80 Km/h

AUTO AUF DER LANDSTRASSE 90 Km/h

GEPARD 115 Km/h

SCHNELLER

Hauptsache, schnell!

Schon immer haben die Menschen Geräte erfunden, um damit Wettrennen zu fahren. Bei den ersten Olympischen Spielen im Jahr 600 v. Chr. standen schon Wagenrennen auf dem Programm. Seither versuchen die Menschen, mit Autos, Fahrrädern, Schiffen, Flugzeugen, Skiern und sogar **Mülltonnen** am schnellsten zu sein.

Es war einmal ...
Der Urgroßvater des Autos

Das erste Automobil diente dazu, schwere Kanonen zu ziehen. Es wurde 1769 in Frankreich gebaut. Es wurde mit Dampf betrieben, hatte kein Lenkrad und konnte ganze 4 km/h schnell fahren. Sogar ein Fußgänger war schneller! Hundert Jahre später wurde, ebenfalls in Frankreich, das erste Dampfauto für Reisende erfunden: Es hieß „Die Gehorsame."

Rätsel:
Wenn „Die Gehorsame" zehnmal so schnell fahren konnte wie ihr Vorgänger, wie viele Stundenkilometer schaffte sie dann?

Lösung: 40 km/h

Fliegendes Schiff

Das schnellste Boot der Welt scheint **übers Wasser zu fliegen**. Bei steigender Geschwindigkeit hebt das Tragflügelboot sogar ein wenig ab. Nur die Tragflügel unter dem Schiffsrumpf liegen noch auf dem Wasser. Im Dezember 2008 erreichte ein Tragflügelboot in wenigen Sekunden eine Geschwindigkeit von **113 km/h**.

Geschwindigkeitsrekord des französischen TGV 2007:

Halb Flugzeug, halb Rakete

HTV-2

Die Amerikaner arbeiten seit einigen Jahren an einem Flugkörper, der **22 000 km/h** schnell fliegen kann. Mit dieser Geschwindigkeit gleicht der HTV-2 keinem anderen Flugzeug. Er startet nicht selbsttätig, sondern wird von einer Rakete ins All geschossen. Von dort fällt er wieder auf die Erde zurück – **ganz ohne Motor.**

Das schnellste Flugzeug flog 3529 km/h. Mit dieser Geschwindigkeit könnte es in anderthalb Stunden von Paris nach New York fliegen – statt in sechs!

1:30 Std.!

Schon gewusst?

Die Pferdekutsche brachte Reisende im 18. und 19. Jahrhundert schnell vorwärts, und zwar mit **Pferdestärken**! Trotzdem war sie zehnmal langsamer als ein Auto heute. Doch die Reisenden hatten den Eindruck, immer neue Geschwindigkeitsrekorde zu brechen.

Mit Vollgas!

 Der Supersportwagen Bugatti Veyron 16.4 ist so **laut wie ein Flugzeug.** Auf einer Rennstrecke kann er 434 km/h schnell fahren.

Das schnellste Fahrzeug der Welt ist ein Fahrzeug, das aussieht wie eine Rakete. 1997 erreichte der Amerikaner Andy Green mit seinem **Thrust SSC** 1227,99 km/h.

THRUST SSC

Brummm!

Brummm!

Unglaubliche...
HÄUSER

Architekten haben oftmals ziemlich viel Fantasie. In allen Ländern der Welt gibt es Gebäude mit ganz erstaunlichen Formen.

Der Architekt Frank O. Gehry baut verbogene und wellenförmige Häuser wie diese Klinik in Las Vegas und das Haus auf dem Foto links.

Fantastisch!

Dieses Gebäude in Prag in der Tschechischen Republik heißt „Das Tanzende Haus". Es sieht wirklich aus wie ein Paar, das Walzer tanzt.

Dieses Gebäude in Darmstadt baute der Architekt Friedensreich Hundertwasser. Es heißt „Waldspirale". Hier wachsen Bäume auf dem Dach und im Hof.

WOW!

Verrückt!

Dieses Gebäude sieht aus, als wäre es bei einem Erdbeben umgestürzt. Es steht in den USA und beherbergt ein Museum für – Naturkatastrophen!

Wie aus dem Comic!

Das Einkaufszentrum in der Stadt Sopot in Polen sieht aus wie ein Haus aus Knete. Die Idee für diese Gestaltung kam dem Architekten, als er ein Kinderbuch anschaute!

Eierturm!

Dieser komische Turm mit den riesigen Eiern auf dem Dach gehört zum Dalí-Museum in Spanien.

Diese Würfelhäuser im niederländischen Rotterdam werden kaum zum Wohnen genutzt. Es ist einfach viel zu kompliziert, sie einzurichten!

Diese übereinandergestapelten Wohnhäuser im traditionellen Baustil ergeben zusammen ein großes Hotel mit 160 Zimmern. Es steht in Zaanstad in Holland.

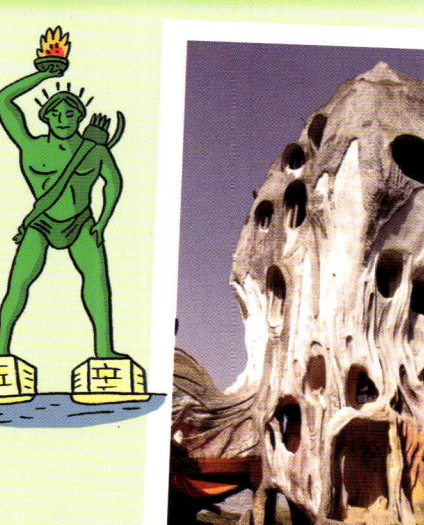

Dieses Baumhaus in Vietnam sieht aus wie ein alter Baumstamm mit lauter unterschiedlichen Fenstern. Die Räume im Inneren sind alle sehr verwinkelt.

LÄNGER

Flüsse: der längste ...

Der Nil in Afrika und der Amazonas
sind Rivalen um den Platz des längsten
Flusses. Der Nil ist allerdings wohl doch
länger: Mit seinen 6695 km ist er fast
doppelt so lang wie der längste
Fluss Europas, die Wolga
(3530 Kilometer).

Ägypten — *Der Nil*

... **und der breiteste**

Der **Amazonas** bekommt den Trostpreis: Er ist schließlich der breiteste Fluss der Welt.

Eine lebendige Wand

Vor der Ostküste Australiens verläuft über Tausende von Kilometern
das **Great Barrier Reef**, das größte Korallenriff der Erde.
Darin leben unzählige Fische.
Aber Koralle ist kein gewöhnliches Material: Es ist lebendig!
Deshalb sagen manche Leute auch, das Korallenriff
sei **das längste Tier der Welt.**

Die längste „natürliche"

Rekordgebirge

Die längste Gebirgskette der Welt sind die **Anden**. Sie ziehen sich ohne Unterbrechung von Nord nach Süd durch ganz Südamerika. Dabei durchqueren sie sieben Länder. Der höchste Gipfel heißt Aconcagua und wird auch „steinerner Wächter" genannt.

Unter Wasser auch!

Auch unter der Wasseroberfläche ist der Boden nicht flach. Eine sanfte Hügelkette zieht sich **um die ganze Welt**. Sie verläuft auf **65 000 km** Länge über fast alle Kontinente.

Zungenbrecher!

Ein Berg in Neuseeland trägt den **längsten Namen der Welt**:

Taumata-whakatangihanga-koauau-o-tamatea-turi-pukaka-pikimaungah-oronuku-pokai-whenuaki-tanatahu!

Das heißt: *Der Ort, an dem Tamatea, der Mann mit den großen Knien, der Berge hinabrutschte, hinaufkletterte und verschluckte, bekannt als der Landfresser, die Flöte für seine Geliebte spielte.*

Schon gewusst?

Die Anden sind der Lebensraum des Andenkondors, natürlich! Dieser riesige Vogel aus der Familie der Geier hat fast die längsten Flügel der Welt – gleich hinter dem Albatros. Mit ausgebreiteten Flügeln ist der Andenkondor beinahe 3 m breit, dreimal so breit wie du, wenn du die Arme zur Seite streckst.

Endloser Spaziergang

Im kanadischen Toronto braucht man zwei Wochen, um die gesamte Yonge Street entlangzugehen – und zwar ohne Pause! Sie ist über **1896 km** lang und damit die längste Straße der Welt!

Deine Freunde werden staunen, wenn du das auswendig Kannst!

Brücke der Welt

Im Arches-Nationalpark in den USA stehen seltsam geformte Felsen, die über Tausende von Jahren vom Regen geformt worden sind. Heute bilden sie zerbrechliche Steinbögen. Der längste davon heißt Landscape Arch und ist **89 m** lang, fast so lang wie ein Fußballfeld. Eines Tages wird er zerbröckeln, weil das Gestein teils einfach zu dünn ist.

LÄNGER

NAME: MEHMET OZYUREK (Türke)
REKORD: die längste Nase der Welt 8,8 cm!

NAME: RAM SINGH CHAUHAN (Inder)
REKORD: der längste Schnurrbart der Welt. Er muss ihn um den Hals wickeln, damit er nicht darüber stolpert.

NAME: STEPHEN TAYLOR (Engländer)
REKORD: die längste Zunge der Welt: 9,8 cm.
Er kann seine Nase damit berühren!

NAME: LEE REDMOND (Amerikaner)
REKORD: die längsten Fingernägel, insgesamt 8,65 m. Sie wurden seit 30 Jahren nicht geschnitten.

NAME: SVETLANA PANKRATOVA (Russin)
REKORD: die längsten Beine der Welt.
Ein 8-jähriges Kind reicht ihr bis an die Oberschenkel, nicht bis zur Brust.

Zitat

Die längste Nase in der Literatur hat **Cyrano de Bergerac**.
Edmond de Rostand, ein französischer Theaterschriftsteller, beschreibt sie so:
„Welch ein Fels! Ein Berg zum Schattenspenden. Ach nein, was sag ich? Berg? Ein Bergmassiv ist das!"

Schon gewusst?

Der menschliche Körper ähnelt einem Straßennetz. Wir haben über 100 000 km Blutgefäße. Das ist ungefähr achtmal die Strecke von Paris nach New York und wieder zurück.
Unglaublich, oder?

Versuch mal, dieses Zitat auswendig zu lernen!

Ellenlange Arme

In den Meerestiefen wohnen Riesenkalmare, deren Fangarme länger als 10 m sind. Das größte bekannte Exemplar hatte sogar **15 m lange Fangarme**. Aber die Wissenschaftler glauben, dass es sogar noch größere gibt!

Eine dehnbare Schlange

Der Netzpython lebt in Asien und ist die längste Schlange der Welt. Er kann bis zu **9 m lang** werden. Das entspricht ungefähr sechs 10-jährigen Kindern, die sich hintereinander auf den Boden legen.

Huhu !

Die längsten Insekten

Die Stabheuschrecke ist gut getarnt, zwischen Halmen und Grasbüscheln kann man sie fast nicht sehen. Dieses seltsame, langgestreckte Insekt sieht den Pflanzen nämlich ganz schön ähnlich. Die längsten Exemplare können **über 50 cm lang** werden.

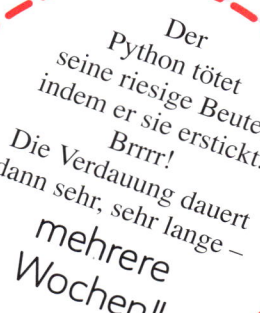

Der Python tötet seine riesige Beute, indem er sie erstickt. Brrrr! Die Verdauung dauert dann sehr, sehr lange – mehrere Wochen!!

Quiek!

Lang und klebrig

Wenn du in der Nordsee badest, siehst du vielleicht das längste Tier der Welt: den **Schnürwurm**. Er kann bis zu 60 m lang werden. Daraus könnte man ziemlich viele Schnürsenkel machen!

Oh nein! Wollt ihr wirklich einen Basketballkorb aus mir Knüpfen...?

LÄNGER

Asphaltband

Die längste Straße der Welt führt durch 14 Länder auf dem Amerikanischen Kontinent: über **48 000 km** von Nord nach Süd. Sie heißt Panamericana. In Wirklichkeit ist es eine ununterbrochene Abfolge von Straßen. Man muss für diese Entfernung ungefähr **67-mal** den Tank nachfüllen.

Die längste Brücke der Welt ...

... steht in China. Der 164 km lange Sieger über alle Disziplinen führt über Flüsse, ganze Stadtviertel, Tausende von Feldern und sogar über einen riesigen See. Und obendrauf fährt ein Hochgeschwindigkeitszug!

Da muss ich ein Foto machen!

6000 km

Bruuuummm!!

Bruuuummm!!

Schlange oder Lkw? – – – – –

Bruuuummm!!

Bruuuummm!!

Bruuuummm!!

Der längste Lastwagen der Welt rollte durch Frankreich. Er zog **64 Anhänger** und war 373 m lang! Um niemanden zu stören, wurde dieser Rekord auf einem Flughafenrollfeld aufgestellt.

...ische Eisenbahn fährt 9288 km durch Sibirien und

Rekordmauer!

Das Längste, was die Menschen gebaut haben,
ist eine Mauer. Aber nicht irgendeine.
Der Bau der **Chinesischen Mauer** dauerte
mehrere Hundert Jahre und diente der
Verteidigung des nördlichen Landesteils.
Sie verläuft immer noch gut sichtbar
über **6000 km!**

Es war einmal ...
Tunnel unter dem Meer

Als man zum ersten Mal einen Tunnel
durch den Ärmelkanal zwischen Frankreich und
England plante, benutzte man noch Pferdewagen.
Das ist mehr als 200 Jahre her.
Auf den Plänen war sogar eine kleine
künstliche Insel im Meer eingezeichnet,
damit die Reisenden eine Rast einlegen konnten.
1994 endlich wurde der heutige Tunnel eröffnet.
**Inzwischen hat ein Zug
die Pferdewagen ersetzt!**

Ein langes Loch im Berg

In Australien, Kanada
und den USA
sind die Lastwagen
riesig groß, weil die Straßen
so lang sind. Man nennt sie dort
auch nicht Lastwagen
oder Schlepper, sondern
Lastzüge: Ein einziger
Lastzug zieht bis zu
sechs Anhänger.

Der neue Gotthard-Tunnel in der Schweiz
wird der längste Tunnel überhaupt:
57 km. Bisher wurde
nur die Röhre gebohrt, jetzt
muss sie ausgebaut werden.
Dort können auch Züge
die Alpen durchqueren.
Der Tunnel soll Ende 2016
eröffnet werden.

durchquert sieben Zeitzonen. Die Transsibirische Ei

ÄLTER

Der Sieger ist unser Sonnensystem

Es ist ungefähr **4,57 Milliarden Jahre** alt.
Wissenschaftler haben das Alter mithilfe eines Meteoriten berechnet, der in die Sahara gestürzt ist.

Komische alte Pflanze!

Die Welwitschie ist eine seltsame Pflanze, die in der Wüste Namib in Afrika wächst. Sie hat nur zwei lange ausgefranste Blätter und sieht ein bisschen „struppig" aus. Trotz ihrer schwierigen Lebensumstände hält sie den Rekord der Langlebigkeit:
1500 Jahre!

Buckliger alter Baum

In den USA steht der älteste Baum der Welt an einem geheimen Ort: Es ist eine Kiefer mit dem Namen **Methusalem**.
2014 wird sie 4844 Jahre alt! Ihr Stamm ist schon ganz knorrig. Trotzdem meinen die Wissenschaftler, dass sie noch wächst. Der Baum wird gut geschützt, damit er nicht gefällt oder beschädigt wird.

Schon gewusst?

Bei einem gefällten Baum kannst du das Alter an den Ringen ablesen. Die Jahresringe sind auf dem Baumstumpf gut zu erkennen: Ein Ring entspricht einem Lebensjahr.

Eine Insel entsteht!

Vor 80 bis 100 Millionen Jahren hat sich ein **Stück Land von Afrika gelöst** und ist langsam ins Meer abgedriftet. Damit war die **Insel Madagaskar** entstanden. Forscher halten sie für die älteste Insel der Welt.

Es war einmal ...

Eine junge Fossilienjägerin

Die 12-jährige Mary Anning untersucht den Sand und die Felsen am Strand ganz genau. Sie sucht nämlich Fossilien, um sie zu verkaufen. Eines Tages im Jahr 1811 entdeckt sie ein Skelett, das wie ein Krokodil aussieht. Es ist aber von einem Ichthyosaurus: ein Vorfahre des Delfins, der vor Millionen Jahren ausgestorben ist. Durch Marys Entdeckung erfährt die Welt erst, dass es viel, viel ältere Tiere gibt als die bekannten, lebenden Arten.

Bye-Bye !

Der älteste Vulkan

der Erde

In **Brasilien** haben Wissenschaftler den ältesten Vulkan der Welt entdeckt. Er sieht aus wie **ein riesiges Becken** zwischen niedrigen und bewaldeten Hügeln. Aber die Untersuchung des Bodens ist eindeutig: Es handelt sich um einen uralten erloschenen Vulkan, der **1900 Millionen Jahre** alt ist! Die bisher bekannten ältesten Vulkane waren ungefähr 500 Millionen Jahre alt.

41

ÄLTER

Wettstreit der Pyramiden

Ägypten

Pyramiden kennst du aus Ägypten. Aber es gibt sie auch in Südamerika. Sie wurden in Caral in Peru entdeckt. Erbaut wurden sie zur gleichen Zeit wie die älteste ägyptische Pyramide, ungefähr 2750 Jahre v. Chr. Und tatsächlich sehen sich die Bauwerke auch sehr ähnlich: Typisch für alle diese Pyramiden ist eine bestimmte Treppenform.

Peru

Ein Tempel aus Holz, der über 1400 Jahre alt ist?

Das gibt's!

Der Tempel Horyu-ji in Japan stammt aus dem Jahr 607. Ein paar Jahre später, 670, brannte er ab und wurde wieder aufgebaut. **Seitdem ist er unverändert!** Die Japaner besuchen den Tempel, um darin zu beten.

Alte Dinge, die

UGARITISCH
die älteste Schrift
1400 v. Chr.

DIAMANT-SUTRA
das älteste gedruckte
Buch 868

DIE ÄLTESTE BRILLE
1286

PASCALINE
die älteste Rechen-
maschine 1642

0

älteste Computer, Mark 1, wog 4 Tonnen, so viel wie

Das große Los!

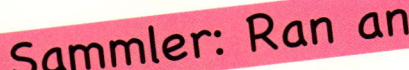 

Sammler: Ran an die Münzen!

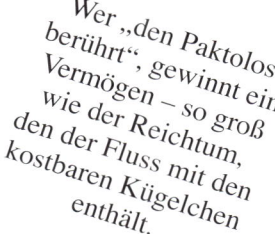

Wer „den Paktolos berührt", gewinnt ein Vermögen – so groß wie der Reichtum, den der Fluss mit den kostbaren Kügelchen enthält.

Die ältesten Münzen wurden 687 v. Chr.
in Lydien geprägt. Dieses Land lag ungefähr dort, wo sich
heute die Türkei befindet. Die Münzen bestanden aus
Elektron, einem Metall aus Gold und Silber.
Es schwamm dort in Form von kleinen Kügelchen
im Fluss **Paktolos.**

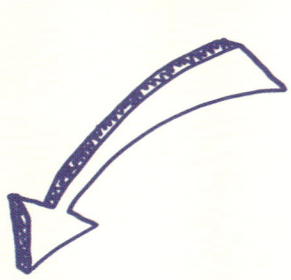

Alter   Beton!

312 v. Chr. begannen die Römer, die erste Pflasterstraße
des Reiches zu bauen, die Via Appia.
Noch heute kann man sie im Süden Italiens
auf manchen Abschnitten befahren.
Die Römerstraßen waren sehr stabil!

Raststätten!

Ungefähr alle 30 Kilometer stand eine Herberge für die Reisenden. Hier konnten sie die Pferde wechseln, schlafen und essen.

Redensart

„Alle Wege führen nach Rom",
sagt man, wenn es mehrere Lösungen für ein Problem gibt. Warum ausgerechnet Rom?
Weil das Römische Reich als Erstes ein großes Straßennetz gebaut hatte, und alle
Straßen gingen von Rom aus. Über die langen, weit verzweigten Straßen kamen
die Soldaten besser und schneller voran als auf den alten Wegen, und die Kaufleute
konnten ihre Waren im ganzen Reich verkaufen.

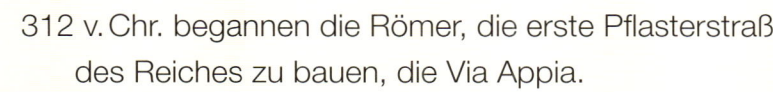

die Welt   bewegten

WRIGHT FLYER
das älteste Flugzeug
1903

MARK 1
der älteste Computer
1944

DYNATAC
das älteste Handy
1983

2014

ein Nashorn! Der älteste Computer, Mark 1, wog 4 Ton

ÄLTER

Wahnsinns-Oma!

Das höchste Lebensalter aller Zeiten erreichte die Französin Jeanne Calment. Sie wurde 1875 geboren und starb 1997 im Alter von **122 Jahren und 164 Tagen.** Kein anderer Mensch hat je so lange gelebt. Sie starb viele Jahre nach ihrem Mann, aber auch nach ihrer Tochter und ihrem Enkel.

Wahnsinns-Opa!

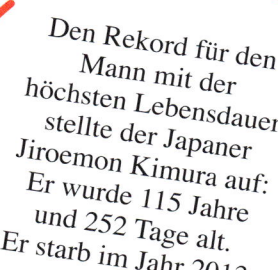

Den Rekord für den Mann mit der höchsten Lebensdauer stellte der Japaner Jiroemon Kimura auf: Er wurde 115 Jahre und 252 Tage alt. Er starb im Jahr 2013.

Das langlebigste Volk der Welt: die Japaner!

Von allen Ländern der Welt werden die Menschen in **Japan** am ältesten. Ein Japaner lebt durchschnittlich **83 Jahre.** Das sind rund 3 Jahre mehr als in Deutschland und 36 mehr als in Malawi (Afrika). Es ist leichter, in einem Industrieland ein hohes Alter zu erreichen, als in Afrika. Dort werden die Menschen selten älter als 50 Jahre.

Hallo, Skelett!

Das älteste Skelett wurde in Afrika gefunden. Es stammt vermutlich von einem Vorfahren des Menschen. Es ist ungefähr **4,4 Millionen Jahre alt** und wird Ardi genannt. Es gehörte einer 1,20 m großen Frau, die etwa 50 kg wog.

TICK! TACK!

Wie alt werden die

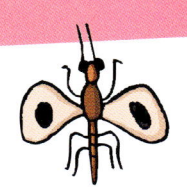

EINTAGSFLIEGE	FLOH	MARIENKÄFER	HUND	DELFIN
Ein paar Stunden	50 Tage	2 Jahre	10 Jahre	25 Jahre

Männer. In den reichen Ländern werden die Frauen

Wasser hält frisch

Keine Falten!

Die Tiere, die am ältesten werden, leben unter Wasser: die **Muscheln**.
Im Jahr 2007 haben Forscher eine Islandmuschel entdeckt, die **405 Jahre** alt war.
Die Schildkröte ist das Landtier mit der längsten Lebenszeit: Das älteste bekannte Exemplar wurde 250 Jahre alt.

Die älteste lebende Tierart!

Der *Triops cancriformis* sieht ganz genauso aus wie sein Urahne vor **200 Millionen Jahren!** Anders als fast alle übrigen Tierarten hat sich dieses komische Krustentier die ganze Zeit über praktisch nicht verändert.

Redensart

Wenn man von jemandem sagt, er sei „so alt wie Methusalem", ist gemeint, dass er steinalt ist. **Methusalem** ist eine Figur aus der Bibel. Er war Noahs Großvater und wurde **969 Jahre** alt! Nach der Erschaffung der Welt ließ Gott die Menschen sehr lange leben. Als sie zahlreich genug waren, um zu überleben, beschloss er, ihr Leben zu verkürzen: In der Bibel heißt es, dass der Mensch von da an nur noch 120 Jahre alt wurde.

Lebewesen?

MENSCH 67 Jahre · ELEFANT 70 Jahre · BLAUWAL 80 Jahre · SCHILDKRÖTE 150 Jahre

ca. 7 Jahre älter als die Männer. In den reichen Lä

Unglaubliche ...

SPEISEN

Man kann alles essen: Schlangen,
Fledermäuse, Haifischflossen
und sogar rote Ameisen.
Die einen finden es lecker,
die anderen eklig ...

Eine verrückte Idee, schleimige und glibbrige
Schnecken zu essen! Aber für die Franzosen
gehören sie zu den Lieblingsgerichten.

Diese Komischen schwarzen Dinger sind verfaulte Eier!
In China nennt man diese Spezialität Tausendjährige Eier.

Oh, wie (un)appetitlich!

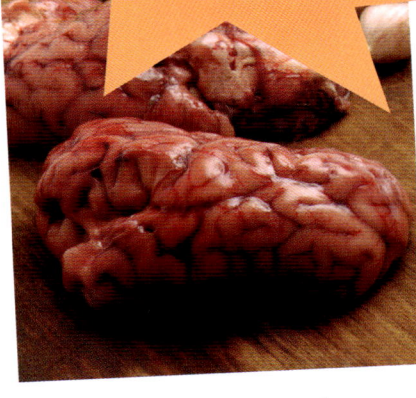

Manche Menschen mögen das
Hirn von Rindern, Kälbern oder
Schafen. Im Süden der USA wird
sogar manchmal Eichhörnchenhirn
gegessen!

Kambodschaner lieben gegrillte Spinnen.
Sie sind richtig Knusprig!

Mmmmmh, lecker!

Ein paar Froschschenkel gefällig?
In Frankreich findet man sie Köstlich.

Hast du vielleicht Lust auf eine Portion gegrillte Heuschrecken?
Es gibt sie in Mexiko und in vielen asiatischen Ländern.

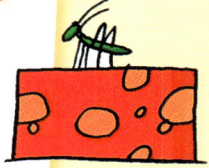

In Griechenland sind Tintenfischarme in Sauce oder vom
Grill sehr beliebt. Sie scheinen sich fast noch zu bewegen!

Leckere Insekten!

In Thailand isst man in Öl angebratene
Bambuslarven.

Krosse
Krokos!

Ein ganz normales Gericht? Nicht wirklich: Das ist Krokodilragout,
eine Spezialität aus Zentralafrika.

EXTREMER

–40 °C + Eisbären + Nacht ... Hilfe!

Im Januar 2006 machen sich Mike Horn und Borge Ousland zu Fuß zum Nordpol auf. Zwei Monate lang laufen sie neben Eisbären durch die Nacht, denn im Winter wird es so hoch oben im Norden nie hell. Sie kämpfen mit frostigen Temperaturen, schwimmen im eiskalten Wasser und wären manchmal fast durch das dünne Eis eingebrochen.

Mike Horn, 2. Runde

Im Jahr darauf kehrt Mike Horn im Sommer mit seiner Frau und seinen zwei Töchtern zum Nordpol zurück. Sie sind die jüngsten Teilnehmerinnen dieses Abenteuers bei -35 °C.

Weltreise mit dem Segelboot!

Der Vendée Globe ist die schwierigste Einhandregatta der Welt und heißt deshalb auch „Everest der Meere". Die Segler fahren alleine, ohne Zwischenstopp und ohne Hilfe. Sie kämpfen gegen die hohe See, Eisberge und unzählige Stürme. Einfach verrückt!

echt hart!

Immer schneller!

2013 gewinnt der Franzose François Gabart den 7. Vendée Globe in 78 Tagen. Eine Topzeit!

Er war der Erste, der in weniger als 80 Tagen um die Welt gesegelt ist.

Urlaub auf dem Mond?

Seit 2011 kann man seine **Ferien im All** verbringen. Aber die Reise ist kein Kinderspiel. Die Bewerber müssen ein Extremtraining absolvieren, damit sie die Bedingungen ohne Risiko aushalten können. Und außerdem kostet ein Ticket **zwischen 20 und 30 Millionen Dollar.**

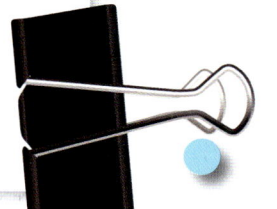

Schwimmen mit Piranhas!

Zwei Jahre allein im tropischen Urwald

Der Brite Ed Stafford ist den gesamten Amazonas entlanggelaufen, 6500 km **zu Fuß.** Diese Reise durch den tropischen Urwald hat **zwei Jahre** gedauert, von April 2008 bis August 2010. Und hatte er Reisebegleiter? Ja: **Skorpione, Mücken** und **Anakondas.** Außerdem die Ureinwohner, die ihn gefangen genommen haben.

2007 hat auch Martin Strel den Amazonas bezwungen, schwimmend – **umgeben von Piranhas und Kaimanen.** Der Slowene brauchte 66 Tage von der Quelle bis zur Mündung. Er erzählt, dass ihn die ganze Zeit lang rosa Amazonasdelfine begleitet haben, als wollten sie ihn beschützen.

Es war einmal ...
Die erste Weltumsegelung

1968 gibt die englische Zeitung *The Sunday Times* den Anstoß zu einer Segeltour um die Welt, ohne Hilfe und Zwischenstopp. Das Unternehmen scheitert. Von neun Konkurrenten geben fünf auf, einer kentert (wird aber gerettet), ein anderer wird verrückt, und ein dritter ändert einfach die Route! Der Sieger Robin Knox-Johnston kommt als Einziger zurück. Er überquert die Ziellinie nach 313 Tagen auf See.

EXTREMER

Sprung vom Dach der Welt

Ein australisches Paar brauchte **22 Tage**, um im Himalaya auf 6000 m Höhe zu klettern, aber nur **2 Minuten** für den „Abstieg".
Glenn Singleman und Heather Swan sprangen nämlich als „Basejumper" von der Felswand: Das ist eine Form des Fallschirmspringens mit einem Flügelanzug. Den Fallschirm haben sie erst ganz am Ende des Fluges aufgespannt: daher die **Rekordzeit!**

Es war einmal ...
Der erste fliegende Mensch

Fliegen oder Fallschirmspringen ist heute nichts Besonderes mehr. Vor ein paar Hundert Jahren aber waren das Extremsportarten! 1783 schwebte der Franzose Jean-François Pilâtre ein paar Minuten lang in einem Fesselballon: der erste menschliche Flug! Später starb er bei dem Versuch, mit dem Ballon den Ärmelkanal zu überqueren: Er war das erste Todesopfer der Luftfahrt.

Schon gewusst?

Der Erste, der mit einem **Fallschirm** aus einem Fesselballon sprang, war 1797 der Franzose André-Jacques Garnerin. Sein Fallschirm bestand aus einem Korb, in dem er aufrecht stand. Die Schaulustigen hatten Angst, er würde abstürzen – aber er landete ohne Probleme.

Skilaufen auf der höchsten Welle der Welt

Das Gebirge reichte dem amerikanischen Skifahrer Chuck Patterson nicht mehr. Der Freeskiing-Fan konnte die tollsten Tricks im Tiefschnee ausführen. Dann wagte er sich an ein **Wassergebirge**: Vor Hawaii stand er mit seinen Skiern auf der heftigsten Welle der Welt. **Sie ist fast 24 m hoch und heißt Jaws (Kiefer). Bloß nicht drin stecken bleiben!**

Ein paar Extremsportarten in Bildern ...

Ein echter Spiderman!

Der französische Bergsteiger Alain Robert ist
Spiderman! Wie der Comic-Held klettert er
leichtfüßig an Gebäuden hoch. 2011 ist er
mit bloßen Händen den
höchsten Turm der Welt (Burj Khalifa)
in Dubai hinaufgeklettert.

Am stählernen Faden …

Am 29. Januar 2011 erlebten die Skiläufer im schweizerischen Silvaplana eine schöne Überraschung: Der Hochseilartist Freddy Nock lief direkt über ihren Köpfen in 3303 m Höhe auf dem Tragseil einer Gondel! Und zwar ohne jede Sicherung …

Nur für Schwindelfreie!

Das höchste
Skitrampolin
der Welt steht in Norwegen.
Es ist **225 m** hoch –
so hoch wie ein Hochhaus mit
75 Stockwerken.
Hals- und
Beinbruch!

Klippenspringen

BMX-Rennen

Bungeespringen

Barfuß-Wasserski

Hydrospeed
Schwimmen im

Wildwasser!

MEHR

Sternenregen

Unsere Galaxie, die Milchstraße, enthält so viele Sterne, dass die Wissenschaftler sie nicht zählen können. Schätzungen zufolge sollen es ungefähr **234 Milliarden** sein.

Unendlich!

Dabei ist unsere **Galaxie** nicht die einzige im All. Es soll noch rund **130 Milliarden weitere** geben. Jetzt musst du nur noch die Summe aller Sterne ausrechnen!

Schon gewusst?

Niemandsland

Antarktika, das Gebiet rund um den Südpol, ist kein Land. Das Klima ist so hart, dass dort keine Menschen leben können, nur Pinguine – und Forscher. Es wurde ein internationales Abkommen unterzeichnet, damit kein Land dieses Gebiet für sich beansprucht.

Die meisten Länder

Afrika ist der Kontinent mit den meisten Staaten: Es sind **genau 54**. Dabei ist Afrika nach Asien und Amerika nur der drittgrößte Kontinent.

ag nimmt die Weltbevölkerung um 230 000 Menschen zu!

Die meistgesprochene Sprache

Sprache Sprache Sprache Sprache Sprache Sprache

Bla! Bla! Bla! Bla! Bla! Bla! Bla! Bla! Bla! Bla!

Bla! Bla! Bla!

Da die Chinesen so zahlreich sind, ist ihre Sprache (Mandarin genannt) die **meistgesprochene der Welt** – noch vor Englisch und Spanisch. Die **meistbenutzte** Sprache ist Englisch. Es wird in fast allen Ländern gesprochen, vor allem als Geschäftssprache.

Es gibt etwa 6000 Sprachen auf der Welt, aber offiziell nur 194 Länder. Manche Sprachen werden nur von sehr wenigen Menschen gesprochen und gar nicht geschrieben!

Überfüllte Stadt

Nicht drängeln!

Tokio mit seinen Vororten ist die Stadt mit den meisten Einwohnern der Welt. Hier leben fast **viermal so viele Menschen wie in Berlin.** Die Wohnungen sind ganz klein, um Platz zu sparen. Es gibt sogar „Kapselhotels", in denen die Zimmer so eng beieinanderliegen wie in einem **Bienenstock.**

Chinesen liegen vorn!

7 Milliarden Menschen leben auf der Welt. Die Weltbevölkerung wächst und wächst. Eines der größten Völker sind die Chinesen mit **1,33 Milliarden** Menschen! Wahrscheinlich werden sie bald von den Indern überholt, die schon 1,14 Milliarden sind und immer noch viele Kinder bekommen.

Jeden Tag nimmt die Weltbevölkerung um 230 000 Mensc

MEHR

Tausendfüßler (fast)

Der Tausendfüßler hat gar nicht 1000 Füße! Man nennt ihn nur so, weil man seine Beine mit bloßem Auge nicht zählen kann. Der Tausendfüßler mit den meisten Beinen ist der *Illacme plenipes* mit 750. **Schon nicht schlecht, oder?**

Eins, zwei, eins, zwei ...

Auf Latein heißt *plenipes* „viele Füße"!

Ist das voll hier ...!

Die Eintagsfliegen sind die ältesten Fluginsekten der Welt. Ihre Larven entwickeln sich im Wasser. Sie schlüpfen alle zur gleichen Zeit: Millionen Insekten bilden dann eine summende Wolke! **Bssssssss!**

Bsssss!!! Bsssss!!!

Transparent!

Wusstest du, dass Eintagsfliegen besonders sauberes Wasser anzeigen? Ihre Larven vertragen nämlich keine Umweltgifte!

Große Tierwanderung

Jedes Jahr bebt die Erde im Norden von Tansania in Afrika. Über **2 Millionen** Gnus ziehen gemeinsam auf der Suche nach neuem Weideland Tausende Kilometer weit. Nichts kann sie aufhalten: weder Flüsse voller Krokodile, noch Löwen oder Leoparden, die ihnen auflauern.

Hunger!

Nur ein Junges oder mehrere?

→ So viele Tierbabys werden jeweils geboren

ELEFANT	LÖWE	HAI	MAUS
1 Elefantenbaby	3 Junge	4 Junge	9 Junge

Kinderreiche Familie

Der **Große Tenrek** sieht aus wie ein kleiner Igel und lebt auf den Inseln Madagaskar und La Réunion. Er zählt zu den fruchtbarsten Säugetieren und kann pro Wurf bis zu **30 Junge** bekommen. Das ist noch nichts im Vergleich zu einer Kaninchenmutter, aber trotzdem!

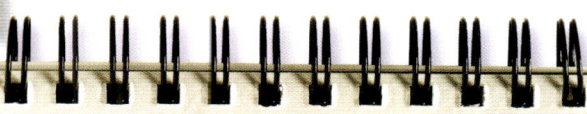

Es war einmal ...
Hasen überschwemmen Australien

Als der englische Siedler Thomas Austin 1859 zwölf Kaninchenpärchen erhält, weiß er nicht, dass er damit eine Umweltkatastrophe auslöst. Ein paar Kaninchen verlassen nämlich ihren Verschlag und zeugen Junge. Aber eine Kaninchenmutter kann bis zu 60 Jungtiere im Jahr bekommen! Millionen von Kaninchen überschwemmen bald den Kontinent, fressen die Ernte, und die anderen Tiere verhungern!

Krabbelinvasion

In der Regenzeit kann man auf der Weihnachtsinsel vor Australien unmöglich an den Strand gehen: Im Sand wimmelt es nur so von Krabben! Etwa **40 Millionen rote Weihnachtsinsel-Krabben** strömen aus dem Wald an die Küste und legen ihre Eier im Meer ab. Die Einwohner verschließen fest ihre Haustür, damit keine Krabben hineinkrabbeln!

ENTE
10 Küken

SCHWEIN
11 Ferkel

FLIEGE
600 Eier

MONDFISCH
300 Millionen Eier

MEHR

Der Vater der größten Familie der Welt ist **derzeit** ein Inder. Ziona Chana hat **39 Ehefrauen, 94 Kinder und 33 Enkelkinder.** Aber der 66-Jährige denkt gar nicht daran, es dabei zu belassen. Er sucht noch weitere Frauen, um seine Familie zu vergrößern.

Babys noch und nöcher

Im 18. Jahrhundert brachte die Frau des russischen Bauern Fjodor Wassiljew **69 Kinder** zur Welt! Sie bekam **16 Mal Zwillinge, 7 Mal Drillinge und 4 Mal Vierlinge.** Nach ihrem Tod heiratete Fjodor wieder und hatte mit ihr **noch einmal 18 Kinder!**

> Wir wollen mehr Geschwister!

8 auf einen Streich

Der Weltrekord in Mehrlingsgeburten liegt bei acht Kindern auf einmal. Man spricht dann von **Achtlingen.**

Familienvorname

Schon gewusst?

Früher wurde der Vorname des Vaters oft an den des Sohnes angehängt. Wenn zum Beispiel Pauls Vater Johann hieß, wurde der Sohn zu Paul Johann. Im Laufe der Jahrhunderte ist aus dem zweiten Vornamen ein Nachname geworden.

Unter den häufigsten deutschen Familiennamen stehen die **Berufsnamen an erster Stelle:** Du kennst bestimmt Leute, die **Schmidt** (von Schmied), Schneider, **Müller,** Becker (von Bäcker), **Weber** oder Fischer heißen. Es gibt aber auch Familiennamen, die aus Vornamen abgeleitet wurden: **Günther, Hermann, Friedrich,** Werner, Jakobi …

Niger liegt bei den Geburten vorn

In dem afrikanischen Land Niger bekommen die Frauen die meisten Kinder weltweit, **durchschnittlich 7!** In Deutschland liegt die Geburtenrate bei 1,3 Kindern pro Frau. In Singapur werden weltweit am wenigsten Kinder geboren.

Es war einmal ...
Die Dionne-Schwestern

1934 brachte eine Frau in Kanada fünf Mädchen zur Welt, die sich unglaublich ähnlich sahen. Das war so selten, dass die armen Dionne-Fünflinge zu einer richtigen Attraktion wurden. Zuerst wollte ihr Vater sie im Zirkus zeigen. Deshalb entzog man ihm das Sorgerecht – aber die Stadt, die sich um die Mädchen kümmern sollte, ließ einen großen Vergnügungspark bauen: Dort konnten Touristen die Fünflinge bestaunen! Es kamen mehr Besucher als zu den berühmten Niagara-Fällen.

Massen von Pilgern

Jedes Jahr pilgern etwa **4 Millionen Muslime** für fünf Tage zu ihrem Heiligtum, der Kaaba in Mekka.

In Indien baden alle 3 Jahre **70 Millionen Hindus** im Ganges, um sich von ihren Sünden zu reinigen. Dieses weltweit einzigartige Ereignis heißt Kumbh Mela.

Riesen-Flashmob

Bei einem Konzert der Gruppe Black Eyed Peas tanzten **21 000 Zuschauer** spontan dieselbe Choreografie. Die Veranstalter wussten vorher nichts davon – und waren total überrascht!

Unglaubliche...
LEGENDEN

Es gibt geheimnisvolle Orte, an denen Ungeheuer leben sollen, Menschen auf unerklärliche Weise verschwanden oder Außerirdische gesichtet wurden. Es gibt keine Erklärung dafür - das ist so faszinierend daran.

Der Hei Zhu Gou ist ein riesiger Bambuswald in China. Man nennt ihn auch „das schreckliche Todestal". Abenteurer, die den Wald erforschen wollten, kehrten nie zurück!

Mysteriös...

Noch hat das englische Bauwerk Stonehenge sein Geheimnis nicht preisgegeben. War es eine Art Beobachtungsposten für Sterne oder eine riesige Grabstätte?

Die sogenannten Nazca-Linien in Peru sind so groß, dass man sie nur aus der Luft sehen kann. Dabei wurden sie mehr als 1500 Jahre vor der Erfindung des Flugzeugs gezeichnet. Manche glauben, dass es Landebahnen für Außerirdische sind!

Ein gut gehütetes Geheimnis

Wer sind die Moai, diese riesigen Statuen auf der Osterinsel mitten im Pazifik? Götter oder Ahnen? Niemand weiß es genau, und die Statuen verraten nichts.

Im unheimlichen Schloss Bran lebte vermutlich Vlad III., bekannter als Dracula! Es liegt in der rumänischen Region Siebenbürgen.

Aaaaaaah!

Ob hier eine fliegende Untertasse gelandet ist? Oder haben Bauern diese „Kornkreise" gezeichnet? Es gibt sie in Australien, Kanada und den USA.

Angeblich soll ein riesengroßer Affe mit einem menschlichen Gesicht durch den Himalaya geistern. Man nennt ihn Yeti oder auch Schneemensch.

Hallo Nessie! Bitte lächeln!

Loch Ness ist ein weltbekannter See in Schottland, in dem ein Unterwasserungeheuer leben soll. Es gibt jede Menge Fotos, auf denen Nessie zu sehen ist – aber sie sind natürlich alle gefälscht!

GEFÄHRLICHER

Ein richtig fieser Baum!

Bloß nie im Schatten des Manchinelbaums schlafen!
Sein Pflanzensaft verätzt die Haut und kann sogar
blind machen. Seine Früchte sehen aus wie kleine Äpfel,
aber sie enthalten tödliches Gift. Und falls du ihn abbrennen willst:
Sogar sein Rauch ist gefährlich!

Schon gewusst?

Giftschlange oder Giftpilz?

In Deutschland kommen in der
Natur nur zwei Giftschlangen vor:
die Aspisviper und die Kreuzotter. Beide
sind vom Aussterben bedroht.
Dafür gibt es Hunderte von Giftpilzen.
Natürlich darfst du nie einen Pilz essen,
den du nicht kennst!

Achtung Gefahr!

Fast alle
Knollenblätterpilze
sind giftig. Man erkennt
sie an dem Wulst
über dem Stiel.
Sie heißen daher auch
Wulstlinge.

Killerwelle

Am 26. Dezember 2004
löste ein Erdbeben unter dem Meer den
größten Tsunami aller Zeiten aus. Das Meer
stürzte in einer **35 m** hohen Welle
auf das Land. Diese Flutwelle zerstörte
alles und tötete 227 898 Menschen
in mehr als sechs Ländern.

Es war einmal ...
Ein wütender Vulkan

Im Jahr 79 brach der
Vulkan Vesuv in Italien aus.
Innerhalb von Sekunden
wurde die kleine Stadt Pompeji
unter der Asche verschüttet.
Die Einwohner konnten so schnell
nicht fliehen. Die abgekühlte Asche
bewahrte die toten Körper:
Noch heute kann man
daher anschauen, wie sie
am Tag der Katastrophe
aussahen.

15. Februar 2013 ging ein Meteoritenschauer über

Vorsicht, Gegenwind!

Die meisten Tornados gibt es in den USA,
vor allem in der „Tornado-Gasse" (engl. Tornado Alley)
im Mittleren Westen: oft über 1000 pro Jahr! Die Tornados wercen auf einer
Skala von F0 bis F5 eingeteilt. Ein F5 ist ganz besonders verheerend:
Seine Windgeschwindigkeit beträgt

über 400 km/h!

Tödlicher Zusammenstoß!

Im All schweben unzählige Himmelskörper. Die kleinsten
explodieren in der Atmosphäre – wir sehen sie als
Sternschnuppen. Große Himmelskörper könnten aber auch
auf die Erde fallen. Daher werden sie von
Wissenschaftlern beobachtet, die ihre Bahnen und ihre
Geschwindigkeit berechnen. Die Turiner Skala berechnet riskante
Annäherungen von 0 (keine Gefahr) bis 10 (sicher eintretende Kollision,
die eine globale Katastrophe auslösen kann).

Zum Glück besteht dieses Risiko
nur höchstens alle
100 000 Jahre!

Achtung!   Hilfe!   Aua!

Tödliche Dämpfe

Wenn sich der Nyos-See bewegt, ist er tödlich!
Dieser afrikanische See liegt in einem alten
Vulkankrater, in dem sich Kohlendioxid angesammelt
hat. Am 21. August 1986 ließ ein kleiner
Erdrutsch das Giftgas aus dem Wasser austreten.
In wenigen Minuten starben 1746 Menschen und
Zehntausende von Tieren.

Russland nieder: Es gab 1000 Verletzte. Am 15. Febru

GEFÄHRLICHER

Kräftige Kiefer!

Um den ersten Platz des **Tiers mit dem kräftigsten Kiefer** der Welt konkurrieren der **weiße Hai, die Hyäne** und das **Krokodil**. Forscher sind sich aber darüber einig, dass der **Megalodon** das gefährlichste Tier aller Zeiten war. Die Zähne dieses Riesenfischs waren länger als die Hände eines erwachsenen Menschen.

Megalodon

Dem schönen Aussehen ist nicht zu trauen! Der Name dieses Tiers lässt es schon vermuten: Der **Schreckliche Pfeilgiftfrosch** hat das **gefährlichste Gift der Welt**. Er kann damit ungefähr 15 Menschen töten. Seine glänzende, gelbe Haut ist also ein Alarmsignal:

Tödliche Schönheit

ACHTUNG! NICHT BERÜHREN!

Zahnloser Biss ...

Ein Biss der Alligatorschildkröte ist gefährlicher als der eines Löwen. Dabei hat sie gar keine Zähne! Ihr Maul ist **wie ein Schnabel**, der nach allem schnappt. Dieses komische Reptil beißt immer mal wieder leichtsinnigen Schwimmern in amerikanischen Flüssen einen Finger ab.

SCHNAPP!

Alarm! Neon in Sicht!

Wenn die Natur uns schützen will, zeigt sie Farbe. Der pinkfarbene **Drachentausendfüßler** ist tatsächlich leuchtend rosa – vielleicht um die zu warnen, die ihn gerne fressen würden: Sein Körper ist nämlich **voller Gift!**

Schon gewusst?

Unglaublich: Sogar Vögel können giftig sein! Der hübsche **Zweifarbenpitohui** mit seinem orangefarbenen und schwarzen Gefieder sondert einen Giftstoff ab, der ihm seine Feinde vom Leib hält.

Insektenplage

Eine kleine Heuschrecke ist ja in Ordnung, aber wenn es **Millionen** werden…! Für die Nahrungssuche fliegen sie oft in riesigen Schwärmen und lassen keinen Grashalm mehr übrig.

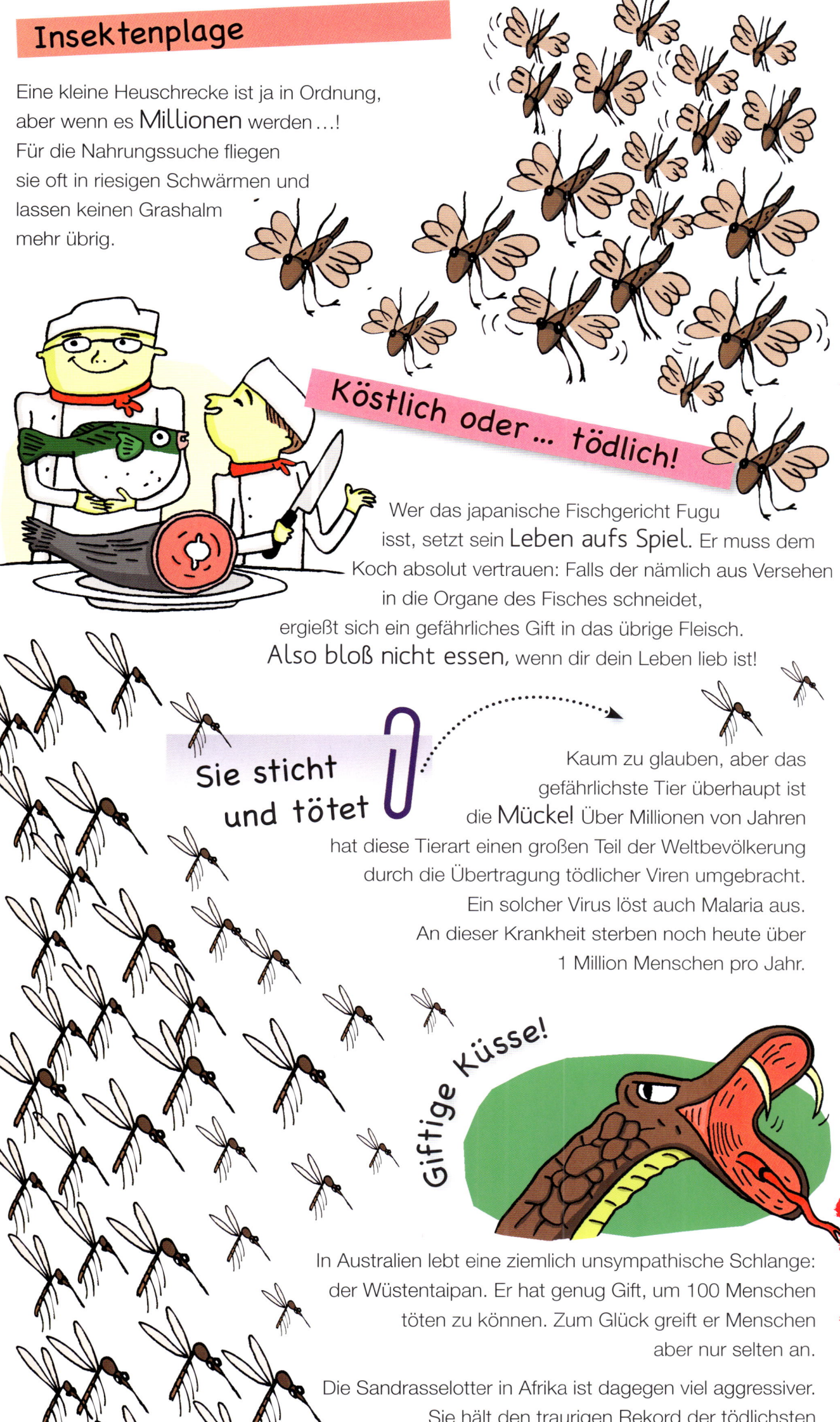

Köstlich oder … tödlich!

Wer das japanische Fischgericht Fugu isst, setzt sein **Leben aufs Spiel.** Er muss dem Koch absolut vertrauen: Falls der nämlich aus Versehen in die Organe des Fisches schneidet, ergießt sich ein gefährliches Gift in das übrige Fleisch. **Also bloß nicht essen,** wenn dir dein Leben lieb ist!

Sie sticht und tötet

Kaum zu glauben, aber das gefährlichste Tier überhaupt ist die **Mücke!** Über Millionen von Jahren hat diese Tierart einen großen Teil der Weltbevölkerung durch die Übertragung tödlicher Viren umgebracht. Ein solcher Virus löst auch Malaria aus. An dieser Krankheit sterben noch heute über 1 Million Menschen pro Jahr.

Giftige Küsse!

In Australien lebt eine ziemlich unsympathische Schlange: der Wüstentaipan. Er hat genug Gift, um 100 Menschen töten zu können. Zum Glück greift er Menschen aber nur selten an.

Die Sandrasselotter in Afrika ist dagegen viel aggressiver. Sie hält den traurigen Rekord der tödlichsten **Schlangenbisse: 20 000** pro Jahr!

GEFÄHRLICHER

Hochexplosive Flüssigkeit

Der Transport von Nitroglyzerin war sehr riskant. Die gefährliche Flüssigkeit explodierte bei der geringsten Erschütterung: ein Kieselstein auf der Straße – BUMM! 1867 mischte der Chemiker Alfred Nobel sie mit einem anderen Stoff. Das so entstandene Dynamit wurde in Stäben transportiert und konnte nicht mehr einfach explodieren.

Schon gewusst?

Alfred Nobel verdiente ein Vermögen mit dem Verkauf von Waffen und Dynamit. Er bestimmte, dass sein Geld nach seinem Tod für den Nobelpreis verwendet wurde. Bekannt ist vor allem der Friedensnobelpreis. Nachdem er Waffen zu Geld gemacht hatte, träumte Alfred Nobel vom Frieden in der Welt.

Tödliche Pilzwolke

BUMM!

Dieser Pilz hieß „Little Boy" (kleiner Junge), und er **tötete 250 000 Menschen.** Little Boy war der Spitzname für die erste Atombombe der Geschichte, die in Amerika hergestellt wurde. Am 6. August 1945 wurde sie über der japanischen Stadt **Hiroshima** abgeworfen und machte sie dem Erdboden gleich. Der Rauch der Explosion bildete am Himmel einen riesigen Pilz: den **Atompilz.**

Kriegerische Erfindungen

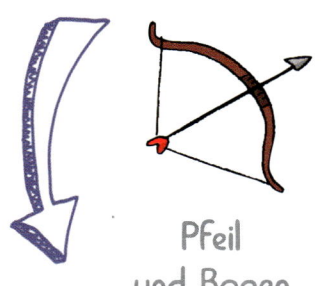

Pfeil
und Bogen
30 000 v. Chr.

Katapult
400 v. Chr.

Kanone
1320

Turtle, das
erste U-Boot
1776

0

Peng! Peng!

Die Lieblingswaffe der Cowboys war der Colt, ein Revolver, den **Samuel Colt** erfunden hatte. Erstmals konnte man mit einer Pistole mehrere Kugeln abfeuern, ohne nachzuladen. Der erste Colt hatte ein Magazin für fünf Kugeln, konnte also fünf Schüsse abgeben.

Eine gefährliche Waffe

Auaa!

Die Menschen haben sich immer raffiniertere Waffen ausgedacht, um sich zu verteidigen oder anzugreifen. Die Bolzen, die mit der Armbrust verschossen wurden, bohrten sich sogar **durch die Ritterrüstungen**. Die Armbrust richtete so viel Unheil an, dass die Kirche sie auf den Schlachtfeldern verbieten ließ.

Es war einmal …

Das Schießpulver

Ein chinesischer Arzt rührte aus Salpeter, Schwefel und Kohle einen Unsterblichkeitstrank zusammen. Zumindest war das seine Absicht. Aber stattdessen wäre beinahe sein ganzes Haus explodiert! Die Chinesen benutzten das schwarze Pulver dann für Feuerwerke, oder um ihre Feinde mit lautem Knall zu erschrecken. Später erfanden sie die Kanone: Sie stopften das Pulver einfach in ausgehöhlte Bambusrohre.

Tickende Zeitbomben …

Die Menschen haben bestimmte Stoffe lange benutzt und erst dann gemerkt, dass sie (manchmal tödliche) Krankheiten auslösten.

- **Blei** ist schädlich für das Gehirn und die Knochen.

- **Asbest** wurde lange Zeit beim Bau von Häusern verwendet, aber es ist sehr gesundheitsschädlich. Mit der Zeit wurden immer weniger gefährliche Stoffe eingesetzt.

Big Willie, der erste Panzer 1916

Eagle, Flugzeugträger 1924

V-2-Langstreckenraketen 1942

Nighthawk, unsichtbares Flugzeug 1982

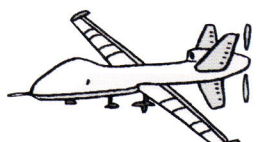

Drohne, Bomber ohne Pilot 1995

2014

TIEFER

Seltsamer Käse

Fast die Hälfte der französischen Hauptstadt steht auf unterirdischen Steinbrüchen: ein richtiges Labyrinth! Und warum sieht es dort unter der Erde wie in einem löchrigen Käse aus? Genau, Paris wurde aus den Steinen dieses Untergrundes gebaut.

Schon gewusst?

1786 wurden alle Knochen vom Friedhof der Unschuldigen in Paris in die unterirdischen Gänge gebracht. Heute schätzt man, dass dort **6 bis 7 Millionen Gebeine** lagern. Diese Katakomben kann man besichtigen!

Und was ist da unten?

Der Mittelpunkt der Erde, der Erdkern, befindet sich in 6000 Kilometern Tiefe und bleibt ein Geheimnis für den Menschen. Das tiefste Loch, das je gegraben wurde, ist 12,2 km lang. Das ist schon unglaublich – aber damit gelangt man noch nicht einmal bis zur Hälfte der obersten Erdkruste!

Der Mensch weiß viel mehr

über den

nen von Stromkabeln verlaufen auf dem Meeresgrund.

Brrrrrrr, die Tiefsee!

Zwischen Japan und den Philippinen verläuft der **Marianengraben**. Dies ist die tiefste Stelle der Erde. Mit einem Mini-U-Boot konnten Forscher in fast 11 000 m Tiefe den Grund untersuchen. Dabei stellten sie fest, dass sogar in so extremen Tiefen noch Fische leben.

Es war einmal ...

Eine besondere Reise

In seinem Roman „Reise zum Mittelpunkt der Erde" von 1864 schickt Jules Verne drei Abenteurer auf Entdeckungsfahrt ins Erdinnere. Auf Island klettern sie in einen Vulkankrater – und kommen aus einem anderen Krater in Italien wieder heraus! Noch ist so etwas unmöglich, aber wer weiß, ob es in Zukunft nicht doch mal dazu kommt?

Blubb!

Im riesigen Baikalsee in Russland kann man nirgends stehen: An der tiefsten Stelle ist er **1637 m** tief! Der See hält außerdem den Rekord als größter Süßwasserspeicher der Erde.

Ausbruch unter Wasser

Der West Mata mitten im Pazifischen Ozean ist etwas ganz Besonderes: ein **Unterwasservulkan**!

Im Dezember 2009 konnten Wissenschaftler einen Ausbruch in 1200 m Tiefe filmen. Ein kleiner Roboter versorgte sie mit brandneuen Bildern und Lavastücken.

Himmel als über die Erde unter seinen Füßen!

Planet in Sicht!

In der unermesslichen Weite des Alls hat sich der Mensch schon mehr als **55 Millionen km** von der Erde entfernt.

Millionen von Stromkabeln verlaufen auf dem Meeres

TIEFER

Unter-
wasser

Tief Luft holen: Apnoetauchen

1976 gelangte der französische **Taucher**
Jacques Mayol als erster Mensch ohne Atemgerät
in über 100 m Tiefe. Seitdem haben es ihm viele
Sportler nachgemacht. Der Österreicher Herbert Nitsch
hat es bis auf 214 m geschafft:
**Was für ein
langer Atem!**

... der Wal!

Der Roman „Moby Dick"
von Herman Melville erzählt
die Abenteuer auf dem Walfänger
Pequod. Kapitän Ahab will
unbedingt den riesigen weißen
Pottwal fangen und töten, der ihm das
Bein abgerissen hat.

Der **Pottwal** ist der
unbestrittene Meister im Tauchen.
Er taucht **bis zu 3 km** unter Wasser,
wo er zum Beispiel auf Riesenkraken
trifft. Der Pottwal kann fast
eine Stunde lang abtauchen,
bevor er an der Wasseroberfläche
Luft holen muss.

Ausdruck

Tiere in der Tiefe

Unter Wasser steigt
der **Stickstoffgehalt**
im Blut. Das wirkt
wie eine Droge, und
manche Taucher sind dann
wie betrunken. Sie lachen,
bewegen sich wie wild
und versuchen sogar, die
Sauerstoffflaschen abzuschütteln.
Sie kommen erst wieder zu
sich, wenn man sie an die
Wasseroberfläche zurückholt.
Diesen Zustand nennt man
„Tiefenrausch".

Es ist kalt und dunkel in mehreren
Hundert Metern Tiefe. Und
doch gibt es auch dort noch
Leben. Die Tiere passen
sich an: Leuchtfische
oder Laternenfische
zum Beispiel locken
ihre Beute in der
Dunkelheit mit
Lichteffekten an.

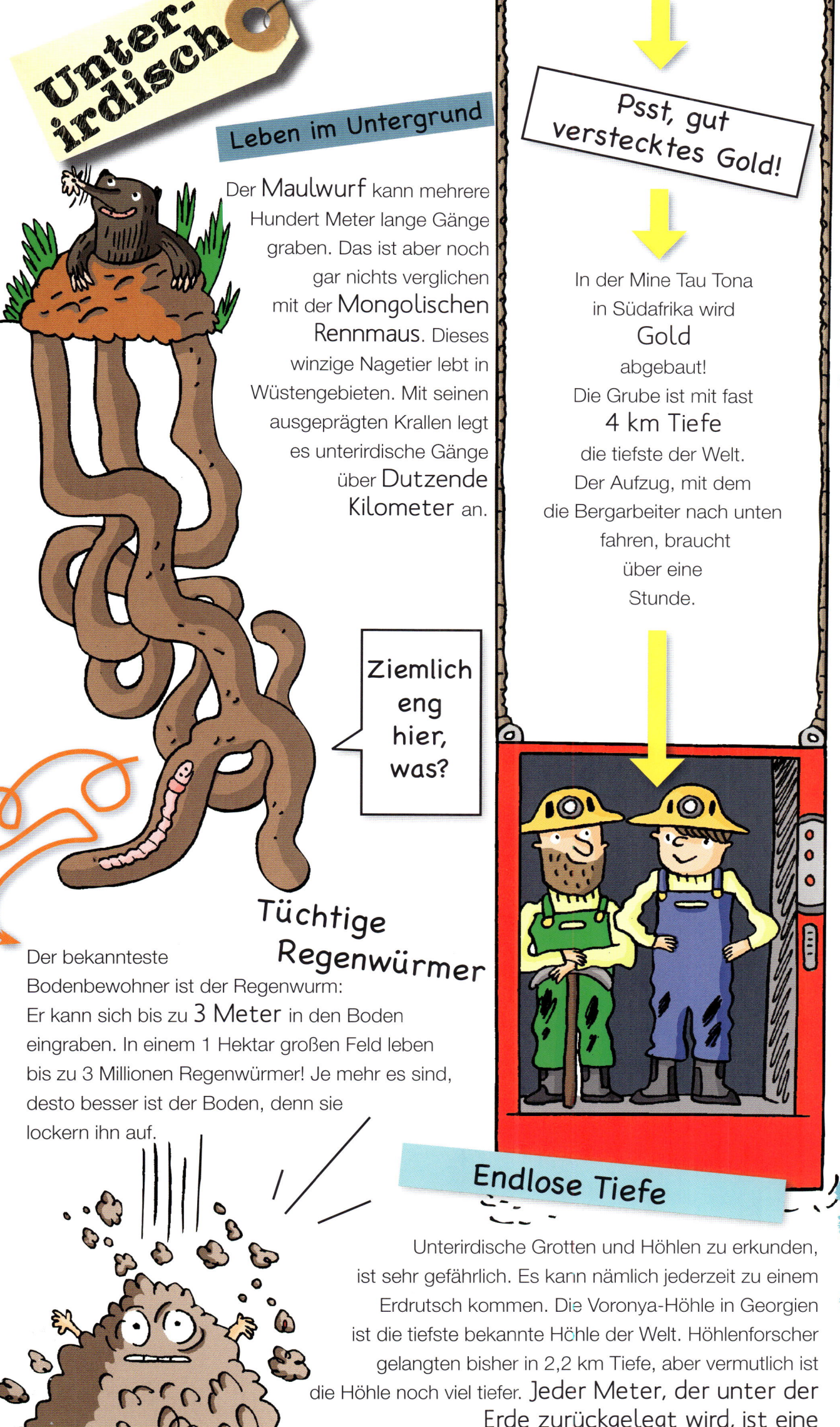

Unter- irdisch

Leben im Untergrund

Der **Maulwurf** kann mehrere Hundert Meter lange Gänge graben. Das ist aber noch gar nichts verglichen mit der **Mongolischen Rennmaus**. Dieses winzige Nagetier lebt in Wüstengebieten. Mit seinen ausgeprägten Krallen legt es unterirdische Gänge über **Dutzende Kilometer** an.

Ziemlich eng hier, was?

Tüchtige Regenwürmer

Der bekannteste Bodenbewohner ist der Regenwurm: Er kann sich bis zu **3 Meter** in den Boden eingraben. In einem 1 Hektar großen Feld leben bis zu 3 Millionen Regenwürmer! Je mehr es sind, desto besser ist der Boden, denn sie lockern ihn auf.

Psst, gut verstecktes Gold!

In der Mine Tau Tona in Südafrika wird **Gold** abgebaut! Die Grube ist mit fast **4 km Tiefe** die tiefste der Welt. Der Aufzug, mit dem die Bergarbeiter nach unten fahren, braucht über eine Stunde.

Endlose Tiefe

Unterirdische Grotten und Höhlen zu erkunden, ist sehr gefährlich. Es kann nämlich jederzeit zu einem Erdrutsch kommen. Die Voronya-Höhle in Georgien ist die tiefste bekannte Höhle der Welt. Höhlenforscher gelangten bisher in 2,2 km Tiefe, aber vermutlich ist die Höhle noch viel tiefer. **Jeder Meter, der unter der Erde zurückgelegt wird, ist eine echte Herausforderung.**

BERÜHMTER

Die sieben Weltwunder von gestern ...

Dies waren die sieben schönsten Bauwerke der Antike:

1 Koloss von Rhodos (Griechenland)

2 Zeus-Statue in Olympia (Griechenland)

3 Artemistempel in Ephesos (Türkei)

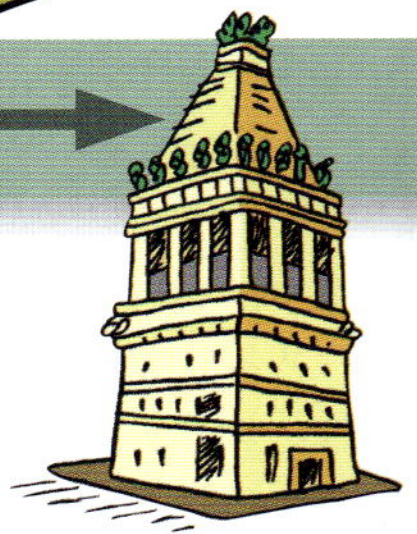

4 Mausoleum von Halikarnassos (Türkei)

5 Hängende Gärten von Babylon (Irak)

6 Cheops-Pyramide (Ägypten)
Das einzige noch existierende Weltwunder

7 Leuchtturm von Alexandria (Ägypten)

Schon gewusst?

Die Zahl 7 hat eine ganz besondere Bedeutung: die 7 Wochentage, die 7 Farben des Regenbogens, die 7 Künste, die 7 Noten der Tonleiter, die 7 Tage der Schöpfung, der 7-armige Leuchter, die 7 Zwerge ...

... und heute

Die neue Liste der sieben Weltwunder wurde im Jahr 2007 aufgestellt:

1

Chinesische Mauer
Ihr Bau dauerte ungefähr 2000 Jahre.

2

Petra (Jordanien)
Die ganze Stadt wurde aus den rosa Sandsteinfelsen vor Ort gemeißelt.

3

Tadsch Mahal (Indien)
Ein riesiges Grab aus weißem Marmor, das ein Mogulkaiser für seine Lieblingsfrau bauen ließ.

4

Chichén Itzá (Mexiko)
Die Maya, die diese Stadt bauten, waren ausgezeichnete Astronomen. Die größte Pyramide hat 365 Stufen, so viele wie das Jahr Tage hat.

5

Kolosseum (Italien)
In dieses riesige Amphitheater in Rom passten 75 000 Zuschauer. Sie sahen sich dort Gladiatorenkämpfe, Wagenrennen oder die Jagd auf wilde Tiere an.

6

Cristo Redentor (Brasilien)
Diese monumentale Christus-Statue über Rio de Janeiro wurde in Einzelteilen aus Frankreich nach Rio transportiert.

7

Machu Picchu (Peru)
Die alte Inka-Stadt liegt in über 2400 m Höhe in den Anden.

BERÜHMTER

Applaus für die Tiere!

Keiko ist ein Orca, der als Titelheld des Films „Free Willy" berühmt wurde. Er lebte über 20 Jahre lang in Gefangenschaft.

Auch Tiere können richtig erfolgreich sein.

Das Pferd **Seabiscuit** hat sein eigenes Denkmal in Santa Anita bei Los Angeles. Es wurde berühmt, als es 1938 das wichtigste Pferderennen der USA gewann. Dabei hatte niemand mit ihm gerechnet! Seabiscuit ist das beliebteste Pferd der Geschichte.

Ham war ein „Astronauten"-Schimpanse, der sechs Minuten im Weltall war. Bei seiner Rückkehr wurde er gefeiert wie ein Star. Begraben ist er vor dem amerikanischen Luft- und Raumfahrtmuseum.

Shah Rukh Khan ist der Schauspieler mit den meisten Fans. Er ist nämlich Inder, und allein in Indien gibt es schon über 1,2 Milliarden begeisterte Zuschauer!

Filmstars

Micky ist die berühmteste Maus der Welt. Sie wurde am 18. November 1928 von Walt Disney gezeichnet. Eigentlich sollte sie Mortimer heißen, aber Walt Disneys Frau fand den Vornamen Micky besser: Gut, dass sie da war!

Film ab!

Berühmte Ohren!

t. Elvis Presley und die Beatles haben jeweils über

Ein großes Herz für Arme

Robin Hood ist der berühmteste **Dieb** aller Zeiten. Er raubte die Reichen aus und verteilte seine Beute an die Armen. Natürlich hat Robin Hood nicht wirklich gelebt, aber es gab im 13. und 14. Jahrhundert in England Menschen, die ähnlich gehandelt haben.

Dein Gold für die Armen!

Der König der Piraten

Kennst du Edward Teach? Er ist der berühmteste Pirat der Geschichte, bekannt als **Blackbeard** (schwarzer Bart). Er war nur zwei Jahre lang Pirat, hat aber die meisten Schiffe geplündert. Er soll in nur einem Jahr 40 Überfälle organisiert haben.

Er zündete lange Lunten in seinem Bart an und tauchte aus einer Rauchwolke auf.

1,5 Milliarden Klicks im Internet

Es war einmal …
Harry Potter

Die Autorin der Harry-Potter-Bücher war gerade arbeitslos, als sie sich 1990 die Geschichte über den jungen Zauberer mit der komischen Narbe auf der Stirn ausdachte. Ihr erstes Buch erschien erst 1997, war aber gleich ein Erfolg. Heute ist J. K. Rowling Milliardärin und „Harry Potter" wurde in über 65 Sprachen übersetzt.

Am 15. Juli 2012 präsentierte der Sänger Psy in Südkorea den Song Gangnam Style mit seiner lustigen Choreografie. Der Clip ging in wenigen Wochen um die ganze Welt. Nach zehn Monaten war er schon 1,5 Milliarden Mal im Internet angeklickt worden – bs dahin ein absoluter Rekord!

Hast du auch eine Lieblingsgruppe?

1 Milliarde Schallplatten verkauft. Elvis Presley

BERÜHMTER

Klein, aber unendlich kostbar!

Der teuerste Diamant der Welt ist – **rot!**
Es gibt weltweit nämlich höchstens zehn davon.
Der Hancock Red Diamond wurde in Brasilien
gefunden und dann versteigert. Obwohl er nicht
sehr groß war, wurde er für 880 000 Dollar
verkauft, das sind über
650 000 Euro:
der Preis für
drei Ferrari.

Puh, fertig!

Das älteste Buch ist immer noch ein Bestseller!

Das berühmteste Buch der Welt ist
die Bibel mit insgesamt 5 bis 6 Milliarden
verkauften Exemplaren. Sie ist auch das älteste
gedruckte Buch überhaupt.
Die Bibel war nämlich das erste Buch, das
Johannes Gutenberg um 1455 in
seiner Werkstatt drucken ließ.

Champion der 3-D-Filme

Der Film **Avatar** hatte 2009
mit seiner 3-D-Technologie großen Erfolg.
Alle wollten ihn sehen. Es war der erste
große Erfolg für einen 3-D-Film.
Avatar hat das meiste Geld in der ganzen
Geschichte des Kinos eingespielt.

Die bekanntesten Internetseiten

• **Google** ist die meistbesuchte
Website der Welt, über die man so gut wie
alle Informationen im Netz finden kann.

• **Facebook** steht direkt dahinter an
zweiter Stelle. Es ist eine Art weltweites
Netzwerk von Freunden.

• Auf dem dritten Platz folgt
YouTube. Die Videos kann man
überall auf der Welt sehen.

n schon in den 1950er-Jahren ins Kino. Die ersten

Ein Weihnachtslied

Das berühmteste Lied der Welt ist das amerikanische Weihnachtslied **White Christmas.** Bing Crosby sang es schon 1941. Seither wird es in allen Sprachen überall auf der Welt gesungen.
Hör mal rein!

Lalala, lalalaaa!

Seit 1901 findet in Paris jährlich der Lépine-Wettbewerb für Erfinder statt. Manche Neuheiten, zum Beispiel Handschuhe, die Musik machen, sind vielleicht nicht so überzeugend. Aber andere Erfindungen haben sich durchgesetzt: darunter der Kugelschreiber, das Dampfbügeleisen oder Rollschuhe.

Verrückte und
nützliche Erfindungen

Auch du kannst teilnehmen!

Das bestgehütete Gemälde

Vor 100 Jahren gelang es einem Anstreicher aus Italien, das berühmteste Gemälde von Leonardo da Vinci zu stehlen: die **Mona Lisa.** Seither wären die Versicherungskosten für das Meisterwerk so hoch, dass kein Museum sie bezahlen will. Deshalb stehen gleich mehrere „Leibwächter" neben dem Bild.

3-D-Filme kamen schon in den 1950er-Jahren ins Kino

Unglaubliche...
MÄULER

Die Natur hat manche Tiere mit besonders großen und scharfen Zähnen ausgestattet. Ganz nach dem Motto: Damit ich dich besser fressen kann!

Der Pavian ist sehr aggressiv. Seine Fangzähne können es fast mit denen des Löwen aufnehmen.

Mit seinen furchtbaren Fangzähnen und seinen kräftigen Muskeln braucht der Löwe kein anderes Tier zu fürchten. Er ist eben der König der Tiere!

Grrrrrr!

Der Legende nach sollen Fledermäuse Vampire sein, die nach Blut gieren. Das stimmt – aber nur nach Insektenblut!

Die Hyäne hat so starke Kiefer, dass sie damit sogar die Knochen ihrer Beute zermalmen kann.

Vorsicht, bissige Hyäne!

Jedes Jahr töten Krokodile mit einem einzigen Biss ungefähr zehn Menschen.

ACHTUNG KROKODILE

Das Nilpferd wirkt eher behäbig und harmlos. Dabei sind seine Zähne so lang wie ein Unterarm.

Besser als Insektenspray!

Die Blätter der Venusfliegenfalle sehen aus wie ein Gebiss. Wenn diese fleischfressende Pflanze ein Insekt erwischt, hat es keine Chance mehr.

Aaaah!

Der Piranha ist ein kleiner Fisch. Aber seine messerscharfen Zähne machen ihn zu einem gefürchteten Raubfisch.

Der Weiße Hai hat in seinen Zahnreihen insgesamt über 300 Zähne! Wenn ein Zahn kaputtgeht, wächst er innerhalb von Tagen neu nach.

Der König der Meere

GENIALER

Was ist rund und dreht sich?

Es gibt sie an Autos, Fahrrädern, Koffern, Einkaufswagen, Flugzeugen… Das **Rad** ist eine geniale Erfindung, ohne die wir nicht so gut vorankämen. Das Rad ist schon über 5500 Jahre alt. Es wurde um 3500 v. Chr. in Mesopotamien, dem heutigen Irak, erfunden. Damals war es natürlich aus Stein!

Schon von der Ohrenbrille gehört?

Die erste Brille gab es schon im Mittelalter, vor über 700 Jahren. Damals wurde sie noch Berille genannt und einfach auf die Nase geklemmt. Erst viel später kam man auf die Idee, sie mit Bügeln hinter den Ohren zu befestigen. Die ersten **Ohrenbrillen** stammen aus dem 18. Jahrhundert.
Es war also ein ganz schön langer Weg bis zu unserer modernen Brille!

Hund + Klette = Klettverschluss

Als der Schweizer George de Mestral 1941 mal wieder mit seinem Hund spazieren ging, ärgerte er sich über die vielen Kletten, die in dessen Fell klebten. Doch er schaute sich die kugeligen Pflanzen genau an und sah die kleinen Häkchen am Ende der Dornen. Das brachte ihn auf die Idee, das **Klettprinzip für Verschlüsse** zu nutzen. Seither sind sie von Taschen, Pullis und Schuhen nicht mehr wegzudenken!

Unpraktisch: Der erste Computer!
↓ ↓ ↓

Der **Mark 1** aus dem Jahr 1944 passte noch nicht in eine Tasche wie die heutigen Modelle. Er brauchte einen ganzen Raum. Der Rechner war 12 m lang und 2,5 m hoch. Man brauchte 800 km Kabel für seinen Betrieb! Trotzdem war er schon sehr zuverlässig und konnte schneller rechnen als ein Mensch.

Ein Spinnennetz für die Kommunikation

Um 1960 hatte die amerikanische Armee den Einfall, mehrere Computer untereinander zu verbinden. Da wusste sie noch nicht, dass sie gerade das Internet erfunden hatte.
Jahre später, 1990, dachte sich der Engländer Tim Berners-Lee ein System aus, mit dem er nicht die Computer miteinander verband, sondern all ihre Informationen. Daraus entstand eine Art riesiges Spinnennetz aus Informationen: Das **World Wide Web** (englisch für „weltweites Netz") war geboren!

Es lebe die Knete!

Knetmasse zum Spielen (auch Knetgummi genannt) wurde zufällig erfunden: 1930 rührte ein Amerikaner diese Mischung ursprünglich als **Teppichreiniger** an. Sie wurde dann eingefärbt und unter dem Namen „Play Doh®" auf der ganzen Welt als Teig zum Spielen beliebt. Die Grundzutaten sind einfach: Die **Knetmasse** besteht aus Wasser, Öl, Salz, Mehl und Farbstoffen.

Schon gewusst?

Manche Wörter, die wir täglich benutzen, sind eigentlich Markennamen. Sie waren so erfolgreich, dass sie zu Bezeichnungen wurden. Sicher kennst du Begriffe wie Tesafilm, Tempo, Labello, Aspirin, Pampers…

Geniale Erfindungen von früher, die wir noch heute benutzen

1795 Konserven-dose

1837 Fotoapparat

1884 Mülltonne

1923 Fernsehgerät

1930 Klebeband

1938 Kugelschreiber

1946 Wegwerfwindel

1969 Schnurloses Telefon

1978 Navigationsgerät

GENIALER

Am 3. Dezember 1967 setzte der südafrikanische Arzt Christiaan Barnard einem 55-jährigen Mann ein neues Herz ein. Es war die erste „Herztransplantation" der Welt.

Das neue Herz begann wieder zu schlagen, aber der Patient überlebte nur 18 Tage. Inzwischen kann man auch Lebern, Nieren und Lungen transplantieren.

Das erste neue Herz!

Die erste Unterwasserfahrt

Das erste U-Boot wurde 1624 in England eingeweiht. Zum ersten Mal konnte sich der Mensch unter Wasser fortbewegen, allerdings in maximal 4 m Tiefe. Heute kann ein U-Boot bis auf 800 m tauchen. Das erste Unterwasserboot sah aus wie eine Nussschale und wurde von zwölf Ruderern bewegt.

Soll ich dich zum Mond schießen? Ja, bitte!

Am 21. Juli 1969 saß die ganze Welt vor dem Fernseher: Neil Armstrong sollte nämlich als **erster Mensch den Mond** betreten. Als er endlich den Fuß auf den Mondboden setzte, sagte er diesen berühmten Satz:
„Das ist ein kleiner Schritt für einen Menschen, aber ein großer Sprung für die Menschheit."

Unsere Erde ist wunderschön!

er den Mond betreten. Nur 12 Menschen haben bisher

Wo sind wir?

Zufällige Entdeckungen

↳ Zufall Nr. 1

Als Christoph Kolumbus 1492
mit seinem Schiff anlegte,
dachte er, er sei in Indien.
In Wirklichkeit hatte er gerade
Amerika entdeckt!

Zufall Nr. 2

1947 bemerkte der Amerikaner Percy Spencer,
wie der Schokoriegel in seiner Tasche zu schmelzen begann.
Er war nämlich gerade in die Nähe eines Radars gekommen.
So kam er auf die Idee der **Mikrowelle**!

Ausdruck

Der griechische Philosoph
Archimedes beobachtete
in der Badewanne, wie
die Dinge an die Oberfläche

**Hast du auch schon
einmal zufällig
etwas entdeckt?**

trieben. Und ihm wurde klar, dass das aus der Wanne schwappende Wasser genau dem

Volumen seines Körpers entsprach. Er soll daraufhin sein berühmtes „Heureka"*

gerufen haben. Er hatte gerade das sogenannte „Archimedische Prinzip" entdeckt. Da war

er gerade einmal 22 Jahre alt.

* „Ich hab's!" auf Griechisch. Er war so begeistert, dass er direkt aus dem Bad nackt durch die Straße
gelaufen sein soll!

Die erste Impfung

Schon gewusst?

1796 spritzte der Engländer
Edward Jenner einem Kind das
Kuhpockenvirus, um es vor den
echten Pocken zu schützen. Das
Ergebnis gab ihm recht. Er hatte das
Prinzip der Schutzimpfung entdeckt.
90 Jahre später verbesserte der
Franzose Louis Pasteur die
Methode und entwickelte die
Impfung gegen Tollwut.
Seither haben Forscher noch viele
weitere Impfstoffe gegen schwere
Krankheiten gefunden.

Beim Impfen werden Viren in einer
harmlosen Form in den Körper gespritzt.
So kann er Antikörper bilden und sich
gegen die Krankheit verteidigen,
wenn die gefährlichen Viren
ihren Angriff starten.

den Mond betreten. Nur 12 Menschen haben bisher den

GENIALER

Mozart spielte schon Klavier, bevor er schreiben oder lesen konnte. Und zwar sehr gut! Mit 6 Jahren komponierte er seine ersten Stücke, mit 11 sogar eine Oper: „Apollo und Hyacinthus". Als er mit nur 35 Jahren starb, hatte er **893 Werke** komponiert.

Mozart, das Wunderkind

Schon gewusst?

Es ist anzunehmen, dass Mozart das „absolute Gehör" besaß. Das heißt, er konnte alle Noten, die er hörte, auf Anhieb erkennen.

Pascal, ein Mathegenie

Der Franzose Blaise Pascal lebte im 17. Jahrhundert. Mit 19 erfand er die erste **Rechenmaschine**. Er war eine mathematische Ausnahmebegabung und dachte sich viele Formeln aus, die auch heute noch in der Schule benutzt werden.

Edison, ein „heller Kopf"!

Schon als Kind beschäftigte sich der Amerikaner Thomas Edison mit allen möglichen Experimenten. Später wurde er für einige von ihnen berühmt: Von ihm stammen die **Glühbirne**, der **Phonograph** zum Musikhören und beinahe wäre es auch das **Telefon** gewesen. Er reichte das Patent kurz nach seinem Konkurrenten Graham Bell ein, der ihn damit als Telefonerfinder überholte. **Schade!**

Napoleon, Kaiser und Kriegsherr

Napoleon Bonaparte, 1804 zum Kaiser der Franzosen gekrönt, war ein begabter Stratege auf dem Schlachtfeld. Seine Truppen waren nicht nur besonders schnell, Napoleon erkannte auch sofort die Schwachpunkte seiner Feinde. So konnte seine Armee **fast alle Schlachten gewinnen**. Die anderen Kriegsherren versuchten, sich seine Taktik abzuschauen. Nach und nach gelang es ihnen, und Napoleon verlor fast alle Eroberungen wieder.

Das steht in den Sternen

> Ich versteh' das nicht …

Der Pole Nikolaus Kopernikus erklärte als Erster, dass sich die Erde **um die Sonne dreht**. Das war um 1513, als alle noch dachten, die Sonne kreise um die Erde. Der Italiener Galileo Galilei konnte dann mithilfe seines astronomischen Fernrohrs 1610 den endgültigen Beweis erbringen. Viele Forscher seiner Zeit waren wütend, weil sie die Erde als Mittelpunkt des Universums sehen wollten.

Leonardo da Vinci, ein geniales „Allroundtalent"

Was Leonardo da Vinci auch versuchte, es gelang ihm! Er war Bildhauer, Maler, Zeichner und Erfinder. Er lebte im 15./16. Jahrhundert in Italien und entwarf ganz verrückte Maschinen: Vorläufer für Flugzeuge, Hubschrauber oder U-Boote.

Und weißt du auch, welches berühmte Bild er malte?*

*Die „Mona Lisa". Das Gemälde entstand zwischen 1503 und 1506 und ist weltberühmt.

Schon gewusst?

Leonardo da Vinci war Linkshänder. Alle seine Aufzeichnungen sind falsch herum geschrieben: von rechts nach links. Um sie lesen zu können, muss man einen Spiegel davorhalten.

Immer ...

MUTIGER

Einer für alle, alle für einen!

Manche Tiere sind bereit sich zu opfern, um ihre Jungen oder ihre Kolonie zu retten

- Die **Biene** sticht, um den Bienenstock zu verteidigen. Dann stirbt sie
- Der **Nacktmull** setzt sein Leben für die Königin seiner Kolonie ein
- Die **Schnepfe** stellt sich verletzt, um ein Raubtier anzulocken und so ihre Jungen davor zu schützen

Wie selbstlos

Eine lange Reise!

Als die Besitzer von Tom aus Florida wegzogen, überließen sie ihren Kater den neuen Hausbewohnern. Aber Tom war damit gar nicht einverstanden. Zwei Wochen später war er verschwunden.
Und nach zwei Jahren hatte er endlich seine alte Familie wiedergefunden – 4000 km vom Ausgangspunkt entfernt!

Herr Unteroffizier?

Ja, hier Sergeant Stubby!

Stubby ist der Hund **mit den höchsten Auszeichnungen.** Er wurde sogar in den Rang eines Sergeants (Unteroffizier) erhoben. Im Ersten Weltkrieg begleitete Stubby eine amerikanische Division in den Schützengräben, denn er konnte sie vor Giftgas warnen. Sobald er bellte, griffen die Soldaten zu ihren Gasmasken. Eines Tages legte Stubby sogar einem deutschen Spion das Handwerk. Eine tolle Spürnase!

Achtung!

Rettungshunde

Wenn in den Bergen verschüttete Personen gesucht werden, kommen oft Lawinenhunde zum Einsatz. Sie sind speziell dafür ausgebildet, im Schnee nach den Vermissten zu suchen und sind dabei viel erfolgreicher als Menschen. In zwei Stunden durchsuchen sie so viel Schnee wie 20 menschliche Retter an einem Tag!

WUFF! WUFF!

WUFF! WUFF!

Mein Held!

Ein Blindenhund – das ist unglaublich!

Schon gewusst?

Jedes Jahr verleiht eine bekannte Marke für Tierfutter in Kanada einen Preis für ganz besondere Artgenossen. Sie werden wie Helden behandelt, denn sie retten Leben.

Marie ist blind. Am 11. September 2001 geht sie zu ihrer Arbeitsstelle im World Trade Center in New York. Wie immer ist ihr **Blindenhund April Moon** bei ihr. Als das Flugzeug der Attentäter in ihren Turm stürzt, befindet sich Marie im 51. Stock. Ihr Hund führt sie mitten in der Panik durch das Treppenhaus, **und sie überlebt!**

Es war einmal ...
Der erste Hund im Weltall

Als allererstes Lebewesen wurde ein kleiner Hund ins All geschickt. Besser gesagt: eine Hündin. Sie hieß Laika. Die Russen hatten sie in Moskau auf der Straße gefunden und setzten sie in den Satelliten Sputnik. Darin kreiste sie vier Tage lang um die Erde. Leider starb die tapfere kleine Hündin aber bei ihrer Rückkehr auf die Erde.

MUTIGER

Ein Hellseher

Der Franzose Louis Braille verletzt sich im Alter von 3 Jahren am Auge und erblindet. Mit 12 fängt er an, eine Punktschrift zu entwickeln. Dabei werden die Buchstaben durch Punkte ersetzt, die mit den Fingerspitzen ertastet werden können. Sechs Jahre später ist die Blindenschrift fertig. **Sie heißt Brailleschrift.**

*Hallo!

Universell!

Die Brailleschrift gibt es in allen Sprachen. Jedes Land hat die Punktschrift an sein Alphabet angepasst.

Übermenschlich!

Als der französische Pilot Henri Guillaumet 1930 in den Anden abstürzt, hat er keine Chance zu überleben. Er weiß nicht, wo er ist, und ist nur durch einen einfachen Anorak vor der Kälte geschützt. Trotzdem geht Guillaumet einfach los. Er läuft **fünf Tage und vier Nächte** ohne Pause. Als er endlich in ein Dorf gelangt, sagt er: „Was ich getan habe, hätte kein Tier geschafft."

Das Herz voller Musik

Einer der größten klassischen Komponisten war taub! **Ludwig van Beethoven** verlor sein Gehör mit 28 Jahren. Trotzdem lebte die Musik in ihm weiter: Bis zu seinem Tod 28 Jahre später schuf er noch viele wunderschöne Werke.

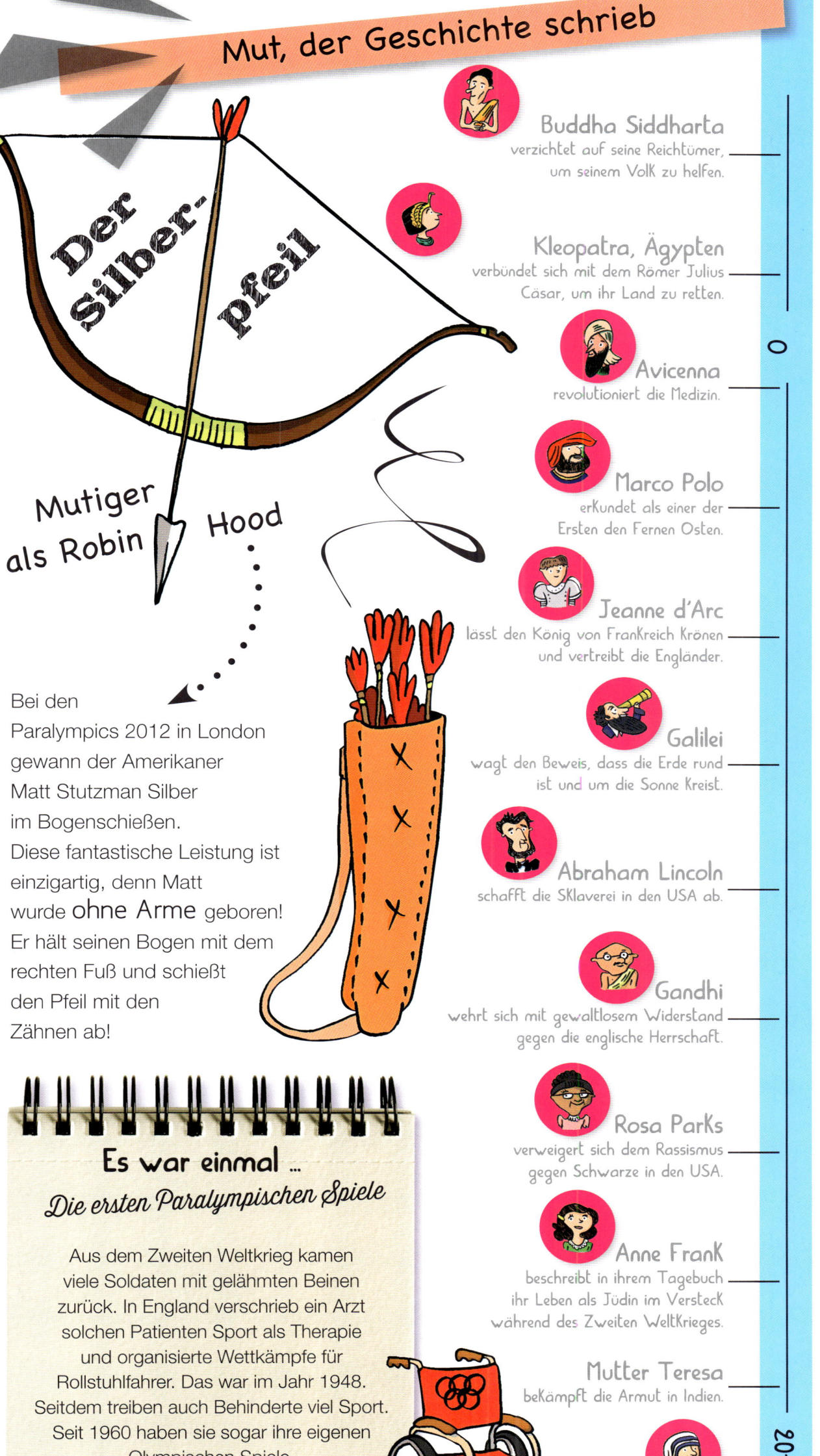

Der Silber-pfeil

Mutiger als Robin Hood

Bei den Paralympics 2012 in London gewann der Amerikaner Matt Stutzman Silber im Bogenschießen. Diese fantastische Leistung ist einzigartig, denn Matt wurde **ohne Arme** geboren! Er hält seinen Bogen mit dem rechten Fuß und schießt den Pfeil mit den Zähnen ab!

Es war einmal ...
Die ersten Paralympischen Spiele

Aus dem Zweiten Weltkrieg kamen viele Soldaten mit gelähmten Beinen zurück. In England verschrieb ein Arzt solchen Patienten Sport als Therapie und organisierte Wettkämpfe für Rollstuhlfahrer. Das war im Jahr 1948. Seitdem treiben auch Behinderte viel Sport. Seit 1960 haben sie sogar ihre eigenen Olympischen Spiele, die Paralympics.

Menschen mit eisernen Willen

Buddha Siddharta
verzichtet auf seine Reichtümer, um seinem Volk zu helfen.
6.–5. Jh. v.Chr.

Kleopatra, Ägypten
verbündet sich mit dem Römer Julius Cäsar, um ihr Land zu retten.
69 v.Chr.
30 v.Chr.

0

Avicenna
revolutioniert die Medizin.
980–1037

Marco Polo
erkundet als einer der Ersten den Fernen Osten.
1254–1324

Jeanne d'Arc
lässt den König von Frankreich krönen und vertreibt die Engländer.
1412–1431

Galilei
wagt den Beweis, dass die Erde rund ist und um die Sonne kreist.
1564–1642

Abraham Lincoln
schafft die Sklaverei in den USA ab.
1809–1865

Gandhi
wehrt sich mit gewaltlosem Widerstand gegen die englische Herrschaft.
1869–1948

Rosa Parks
verweigert sich dem Rassismus gegen Schwarze in den USA.
1913–2005

Anne Frank
beschreibt in ihrem Tagebuch ihr Leben als Jüdin im Versteck während des Zweiten Weltkrieges.
1929–1945

Mutter Teresa
bekämpft die Armut in Indien.
1910–1997

2014

Unglaublicher...

PLANET

Auf unserem Planeten sind faszinierende Phänomene zu beobachten. Aber so schön sie auch sind, manche davon sind sehr gefährlich.

Achtung!

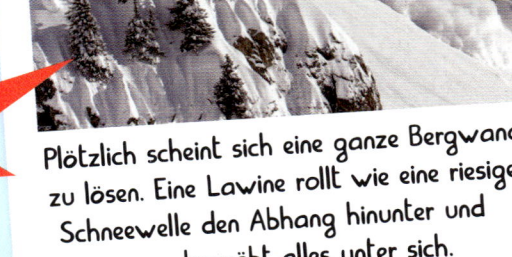

Plötzlich scheint sich eine ganze Bergwand zu lösen. Eine Lawine rollt wie eine riesige Schneewelle den Abhang hinunter und begräbt alles unter sich.

Bei einem Tornado kann der Wind über 400 km/h erreichen! In den USA kommt es jährlich zu über 1000 Tornados, vor allem im Mittleren Westen (Tornado-Gasse).

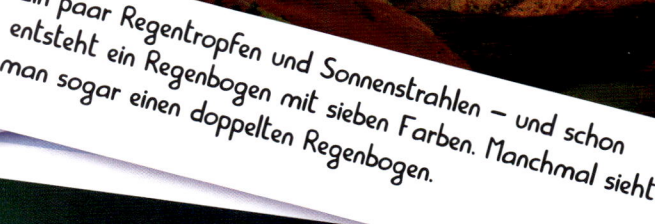

Ein paar Regentropfen und Sonnenstrahlen – und schon entsteht ein Regenbogen mit sieben Farben. Manchmal sieht man sogar einen doppelten Regenbogen.

Magie!

Wenn die Sonne mit den Magnetteilchen in der Atmosphäre spielt, tanzen lange Lichtbänder am Himmel: Man nennt sie auch Polarlichter.

Eisberge sind riesige Eisblöcke, die im Wasser treiben. Ihr größter Teil befindet sich unter Wasser. 1912 sank das Passagierschiff „Titanic", nachdem es einen Eisberg gerammt hatte.

Der Wind in der Wüste kann so heftig werden, dass er den Sand über Hunderte von Kilometern wegträgt. Manche Sandstürme versetzen sogar ganze Dünen!

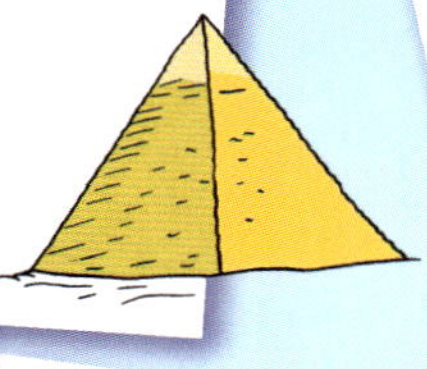

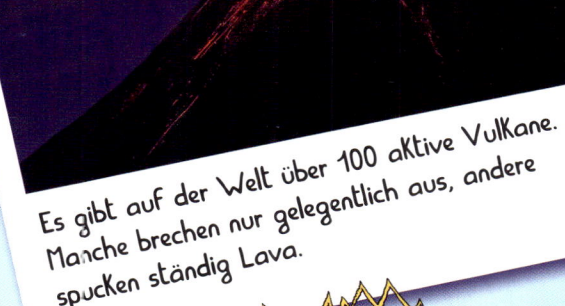

Es gibt auf der Welt über 100 aktive Vulkane. Manche brechen nur gelegentlich aus, andere spucken ständig Lava.

Toller Springbrunnen!

Wenn der Druck zu groß wird, sprüht manchmal in einer hohen Säule heißes Wasser aus der Erde. Dieses Phänomen nennt man Geysir.

Jeden Tag zucken Millionen Blitze über den Himmel. Es vergeht nicht eine Minute, ohne dass irgendwo ein Gewitter ausbricht und ein Blitz niedergeht.

ORIGINELLER

Explosive Gurke!

Man nennt sie **Spritzgurke** oder auch Eselsgurke. Wenn man eine ihrer Schoten berührt, schießt der Pflanzensaft in einem Strahl heraus. Dabei werden die Samen in die Umgebung geschleudert, damit neue Spritzgurken wachsen können.

Empfindliche Mimose!

Die Mimose welkt, wenn man sie berührt. So verteidigt sich diese Pflanze aus Brasilien gegen Insekten und andere Tiere. Ihre Blätter wirken auf der Stelle so unappetitlich, dass die Pflanze eher nicht mehr gefressen wird.

Umgekehrte Welle!

Flüsse münden ins Meer. Dort, wo das Meer umgekehrt in eine Flussmündung hineinspült, entsteht durch die Gegenbewegung des Wassers eine große Welle. Diese **Gezeitenwelle** bewegt sich flussaufwärts, manchmal kilometerweit. Surfer warten ungeduldig auf diese tolle Herausforderung. Aber Achtung: Sie ist auch gefährlich!

Lustiges Schnabeltier

Das **Schnabeltier** ist wirklich ein merkwürdiges Lebewesen. Es hat einen Entenschnabel und legt Eier. Sein Körper aber ist mit Fell bedeckt, und es hat vier Beine. Außerdem säugt es seine Jungen! Dieses Tier macht wirklich nichts so wie die anderen.

Gefräßiger Magen!

Während du zum Essen den **Mund** öffnest, holt der Seestern seinen **Magen** heraus. Er öffnet eine Muschel mit seinen Armen und stülpt – schwups – seinen Magen über die Beute. Dann lässt er es sich schmecken. Wenn er fertig ist, zieht er seinen Magen wieder ein.

Mmmmh!

Halb Fisch,

??

Es gibt manchmal Karpfen mit komischen Missbildungen. So sieht zum Beispiel der **Mopskarpfen** von vorne aus wie ein Mensch – mit Mopsgesicht. Auch umgekehrt kann man das ja manchmal sehen!

halb Mensch!

?? ??

Staubsaugerschlange

Die sogenannten Neunaugen haben weder Kiefer noch Schuppen, Flossen oder Gräten. Dabei leben sie wie Fische unter Wasser. Die Neunaugen saugen sich an ihrer Beute fest und ziehen das Blut sowie kleine Fleischstücke heraus – brrr!

Schon gewusst?

Manche Tiere haben ein ganz weißes Fell und unterscheiden sich darin von ihren Artgenossen. Es sind Albinos. Leider leben sie sehr gefährlich, da sie in der Natur leicht zu erkennen sind. Auch heute noch glauben manche Menschen, dass Albino-Tiere übernatürliche Fähigkeiten haben.

91

ORIGINELLER

Eine Tanne in der Lunge

!!!

In Russland entdeckten Chirurgen bei einer Operation an einem 28-jährigen Mann etwas Unglaubliches: **In seiner Lunge wuchs eine Tanne!** Er hatte wohl ein Samenkorn geschluckt, das in seiner Brust Wurzeln geschlagen hat.

Stummes Konzert!

Der Komponist John Cage dachte sich etwas Besonderes aus. Er schrieb das Stück 4'33": In Wirklichkeit vier Minuten und dreiunddreißig Sekunden Stille! Die einzigen Geräusche, die man bei der Aufführung hört, kommen aus dem Publikum oder der Umgebung.

Pssst! Pssst!

Schon gewusst?

Die längste Strecke, die eine menschliche Kanonenkugel je flog, betrug 56 m. Das ist ungefähr die Länge von zwei Tennisplätzen.

Es war einmal ...
Eine menschliche Kanonenkugel

Der erste Mensch, der für eine Zirkusnummer in eine Kanone kroch, war ein junges Mädchen. Die 14-jährige Zazel wurde natürlich nicht mit Schießpulver, sondern mit einer Feder in die Luft gejagt. Nach mehreren „Landeunfällen" beendete Zazel ihre gefährliche Karriere aber schon nach zwei Jahren.

Bumm!

Ein ganzer Roman ohne „e"!

Der französische Schriftsteller Georges Perec schrieb 1969 ein erstaunliches Buch: „La Disparition" enthält kein einziges Mal den Buchstaben „e". Sogar der deutsche Übersetzer hat es geschafft, kein „e" zu verwenden. Der Roman heißt auf Deutsch: „Anton Voyls Fortgang".

↑ ↑ ↑ ↑ ↑ ↑

Kannst du einen Satz ohne „e" schreiben?

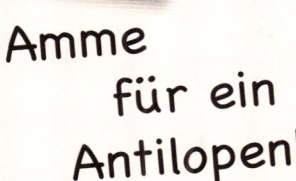

Amme für ein Antilopenbaby

Im Norden Indiens lebt die Gemeinschaft der Bishnoi harmonisch mit der Natur zusammen. Ihre Angehörigen töten keine Tiere und fällen keine Bäume. Wenn ein Antilopenbaby seine Mutter verloren hat, gibt eine der Bishnoi-Frauen ihm einfach die Brust wie ihren eigenen Kindern.

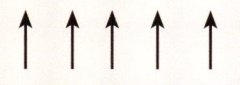

Außerirdische verboten

In einem kleinen französischen Ort hat der Bürgermeister 1954 ein Landeverbot für Ufos und fliegende Untertassen erlassen. Damals waren mehrere unidentifizierte Flugobjekte am Himmel zu sehen gewesen. Um die Einwohner zu beruhigen, dachte er sich dieses originelle Gesetz aus.

Die Küche als Labor

Große Köche experimentieren gerne mit selbst erfundenen Rezepten. Der neueste Trend ist die Molekularküche. Damit können sie zum Beispiel Joghurt-Spaghetti, Erdbeer-Perlen oder Fleisch-Eis herstellen. Komisch, oder?

Verrückte Wettbewerbe aus aller Welt

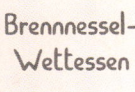

Brennnessel-Wettessen

Wettrennen mit Flößen aus Coladosen

Luftgitarren-Konzert

Wettlauf auf Stöckelschuhen

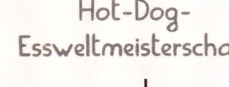
Hot-Dog-Essweltmeisterschaft

Schreibtischstuhl-Rennen

Unglaubliche Kreaturen (S. 18–19)

Fotolia.com – © Oksana Perkins: Lachs; © divewonder: Seetomate; © Eric Isselée: Kiwi; © nimade: Ameisenigel; © Margorius: Sphynx-Katze; © Kobchai M.: Marabu; © petert2: Schuppentier; © tiero: Nasenaffe; © kazakovmaksim: Axolotl; © efi red: Koboldmaki.

Unglaubliche Häuser (S. 32–33)

Fotolia.com – © Yuri Arcurs: Kubushäuser.
Shutterstock.com – © trekandshoot: Klinik von F. O. Gehry; © Dan Breckwoldt: Tanzendes Haus; © Scotshot: Spiralwald; © Edwin Verin: Museum für Naturkatastrophen; © Nightman 1965: Einkaufszentrum Sopot; © Goran Bogicevic: Museum Dalí; © bengy: Hotel Zaandam; © Ivanan Hateren: Baumhaus.

Unglaubliche Speisen (S. 46–47)

Fotolia.com – © M.studio: Schnecken; © byjeng: Eier; © Neko: Spinnen; © Comugnero Silvana: Hirn; © pit-fall: Frösche; © Yuri Arcurs: Heuschrecken; © Jürgen Fälchle: Tintenfisch; © lefebvre-jonathan: Bambuslarven; © kurapy: Krokodil; © Angela Kail: Krokodilragout

Unglaubliche Legenden (S. 58–59)

Fotolia.com – © leungchopan: Bambuswald; © Horticulture: Stonehenge; © Jgz: Nazca-Linien; © ALCE: Moai; © Emi Cristea: Schloss Bran; © Aleksy: Kornkreise; © gaelj: Himalaya; © AndreasJ: Loch Ness.

Unglaubliche Mäuler (S. 76–77)

Fotolia.com – © Impala: Pavian; © keller: Löwe; © Art-man: Fledermaus; © dlrz4114: Hyäne; © j. gruau: Krokodil; © renaudg: Schild; © Cusu: Nilpferd; © Marco Uliana: Venusfliegenfalle; © guentermanaus: Piranha; © Pieter De Pauw: Weißer Hai.

Unglaublicher Planet (S. 88–89)

Fotolia.com – © jancsi hadik: Lawine; © Minerva Studio: Tornado; © leha19: doppelter Regenbogen; © Jens Ottoson: Polarlicht; © niyazz: Eisberg; © Sunshine Pics: Vulkan; © kichatof: Geysir; © Daniel Loretto: Blitze.
Shutterstock.com – André Klaassen: Sandsturm.

© der Originalausgabe:
2013 Larousse
21, Rue du Montparnasse
75006 Paris

© der deutschsprachigen Ausgabe:
2014 moses. Verlag GmbH
moses. Verlag GmbH
Arnoldstraße 13d
47906 Kempen
Fon 0 21 52 - 20 98 50
Fax 0 21 52 - 20 98 60
Mail info@moses-verlag.de
www.moses-verlag.de

ISBN 978-3-89777-808-5

Übersetzung aus dem Französischen: Nicola Denis für Textilien
Redaktion und Satz: Textilien.
Lektorat und Producing Barbara Delius
Lektorat: Mirka Jedamzik
Covergestaltung: Tatjana Obermann
Produktmanagement: Julia Rensmann

Printed in Spain